L'éthique professionnelle en enseignement

Membre de L'ASSOCIATION NATIONALE DES ÉDITEURS DE LIVRES

Presses de l'Université du Québec
Le Delta I, 2875, boulevard Laurier, bureau 450, Québec (Québec) G1V 2M2
Téléphone : 418 657-4399 – Télécopieur : 418 657-2096
Courriel : puq@puq.ca – Internet : www.puq.ca

Diffusion/Distribution :

Canada et autres pays : Prologue inc., 1650, boulevard Lionel-Bertrand, Boisbriand (Québec) J7H 1N7 – Tél. : 450 434-0306 / 1 800 363-2864

France : Sodis, 128, av. du Maréchal de Lattre de Tassigny, 77403 Lagny, France – Tél. : 01 60 07 82 99

Afrique : Action pédagogique pour l'éducation et la formation, Angle des rues Jilali Taj Eddine et El Ghadfa, Maârif 20100, Casablanca, Maroc – Tél. : 212 (0) 22-23-12-22

Belgique : Patrimoine SPRL, 168, rue du Noyer, 1030 Bruxelles, Belgique – Tél. : 02 7366847

Suisse : Servidis SA, Chemin des Chalets, 1279 Chavannes-de-Bogis, Suisse – Tél. : 022 960.95.32

Marie-Paule Desaulniers et France Jutras

L'éthique professionnelle en enseignement

Fondements et pratiques

2e ÉDITION

Presses de l'Université du Québec

Catalogage avant publication de Bibliothèque et Archives nationales du Québec et Bibliothèque et Archives Canada

Desaulniers, Marie-Paule, 1947-

L'éthique professionnelle en enseignement : fondements et pratiques

2e éd.

(Collection Éthique ; 14)

Comprend des réf. bibliogr.

ISBN 978-2-7605-3182-6

1. Enseignement - Pratique. 2. Enseignants - Formation. 3. Enseignants - Déontologie - Québec (Province). 4. Enseignants - Déontologie - Problèmes et exercices. I. Jutras, France, 1955- . II. Titre. III. Collection: Collection Éthique (Presses de l'Université du Québec) ; 14.

LB1779.D47 2012 174'.937 C2012-940138-2

Les Presses de l'Université du Québec reconnaissent l'aide financière du gouvernement du Canada par l'entremise du Fonds du livre du Canada et du Conseil des Arts du Canada pour leurs activités d'édition.

Elles remercient également la Société de développement des entreprises culturelles (SODEC) pour son soutien financier.

Mise en pages : Interscript

Couverture – Conception : Richard Hodgson
Illustration : Glenda Hawthorne

Dépôt légal – 2e trimestre 2012
Bibliothèque et Archives nationales du Québec / Bibliothèque et Archives Canada – Imprimé au Canada

Professionnaliser l'enseignement,
c'est progresser collectivement
vers un idéal professionnel.

Conseil supérieur de l'éducation,
Un nouveau souffle pour
la profession enseignante, 2004

Remerciements

Nos remerciements sincères s'adressent à différents utilisateurs de la première édition de ce livre dont les commentaires et suggestions nous ont aidées à produire cette deuxième édition : les professeurs Denis Jeffrey de l'Université Laval et Bruce Maxwell de l'Université du Québec à Trois-Rivières, les chargés de cours Martin Carpentier, Stéphane Roux et Joris Vangoidtsenhoven de l'Université de Sherbrooke et Luc Georges Bédard de l'Université du Québec à Trois-Rivières, ainsi que deux groupes d'étudiantes et d'étudiants de 4e année du baccalauréat en enseignement secondaire de l'Université de Sherbrooke.

Avant-propos de la deuxième édition

Des changements ont été apportés au texte de la première édition de cet ouvrage paru en 2006. Sans entrer dans le détail des reformulations, des mises à jour et des éléments ajoutés pour tenir compte de l'actualité pédagogique, ou encore d'accents mis sur certains aspects de l'éthique professionnelle, mentionnons simplement quelques changements qui pourront faciliter l'utilisation de ce livre dans le cadre d'activités de formation initiale et continue.

- Les parties générales sur l'importance de l'éthique dans la société contemporaine qui se trouvaient au début du premier chapitre ont été supprimées afin d'entrer plus directement dans le sujet de l'éthique professionnelle des enseignants. On pourra se référer ailleurs pour l'histoire de l'éthique, de la bioéthique, de l'éthique clinique ou de l'éthique de la recherche.

- Certaines parties de chapitres ont été déplacées d'un chapitre à un autre : l'ancien chapitre 2 comprenant **Les définitions essentielles** a été intégré au nouveau chapitre 1, ainsi que la totalité du chapitre 4 consacré à **L'éthique professionnelle** en général. En conséquence, certains tableaux et schémas qui accompagnaient le texte ont été reformulés ou déplacés. Ces modifications ont permis de structurer le texte du chapitre 1 de façon plus logique, plus évidente et plus ciblée sur l'éthique professionnelle de manière à aborder l'éthique professionnelle en enseignement dès le deuxième chapitre. Les renseignements du chapitre 3 portant sur l'encadrement légal et réglementaire de la profession enseignante ont été mis à jour. Par exemple, le passage sur l'article 20 de la *Loi sur l'instruction publique* qui se trouvait au chapitre 3 consacré à **L'encadrement légal et réglementaire de la profession** a été supprimé afin de tenir compte des changements structurels survenus dans le système scolaire. Cet article qui portait sur la liberté de conscience et le « droit de refuser de dispenser l'enseignement moral et religieux d'une confession pour motif de liberté de conscience » est maintenant abrogé puisque, depuis 2008, aucun enseignement confessionnel n'est donné à l'école québécoise.

- L'ordre des chapitres a été un peu modifié : le chapitre 5 consacré au **Finalités éducatives** est maintenant le chapitre 4 ; l'ancien chapitre 9 sur les **Valeurs professionnelles du personnel enseignant** est maintenant le chapitre 5 ; le chapitre 6 consacré à l'**Intervention professionnelle en enseignement** n'a pas été déplacé ; l'ancien chapitre 8 sur la **Relation au savoir** est devenu le 7 ; l'ancien chapitre 7 sur la **Relation pédagogique** est devenu le chapitre 8 ; l'ancien chapitre 10 se trouve maintenant au chapitre 9.
- Les références bibliographiques et les annexes ont été mises à jour et des liens vers des sites Web ont été ajoutés.

Malgré ces modifications de forme et de structure, l'objectif, l'approche et le contenu de cette nouvelle édition conservent la visée de la première édition de 2006 : fournir une base pour contribuer au développement de l'éthique professionnelle en formation initiale et continue à l'enseignement.

Table des matières

CHAPITRE 3

L'encadrement légal et réglementaire de la profession enseignante 59

PARTIE 2

Les composantes de la pratique enseignante 81

CHAPITRE 4

Les finalités éducatives 83

CHAPITRE 9

Liste des figures et tableaux

Introduction

L'éducation constitue un enjeu fondamental de nos sociétés modernes ; c'est ce que rappellent de façon unanime les études, les rapports et les commissions nationales et internationales sur l'éducation. On considère que l'un des défis des sociétés du savoir consiste à former le personnel enseignant de la façon la plus pertinente possible, car la qualité de l'éducation et de la formation dans les écoles dépend en grande partie de sa compétence professionnelle.

Parmi les aspects de la compétence professionnelle des enseignantes et enseignants qui ont soulevé des questionnements majeurs depuis les années 1990, on retrouve celui de l'éthique professionnelle. En effet, le domaine de l'enseignement n'échappe pas au raz-de-marée éthique qui déferle sur la société, le monde des affaires et les milieux professionnels. Dans le cas du milieu scolaire québécois, la demande éthique a d'abord été portée par des parents d'élèves et des regroupements d'enseignants en faveur de la création d'un ordre professionnel. Ils considéraient que le regroupement des enseignants au sein d'un ordre professionnel permettrait une reconnaissance sociale de la valeur de la profession enseignante et fournirait un moyen de réguler la qualité du travail enseignant. Or le mouvement syndical d'une part et l'Office des professions d'autre part ont mis en évidence qu'un ordre professionnel n'est pas nécessaire puisque l'encadrement de la pratique enseignante est déjà en place. Il n'en demeure pas moins que les enseignantes et enseignants sont constamment mis au défi de manifester leur éthique professionnelle dans leur pratique quotidienne.

Pour répondre à la demande sociale, tout en se situant en cohérence avec les orientations des programmes d'études du primaire et du secondaire axés sur les compétences, le ministère de l'Éducation (MEQ) a exigé que la formation initiale et continue à l'enseignement comprenne désormais le développement de la compétence éthique (Gouvernement du Québec, 2001a). C'est ainsi que les enseignants, en tant que professionnels de l'éducation, doivent être conscients des composantes éthiques de leur fonction et être capables de prendre des décisions et d'agir de façon éthique au quotidien. Cela s'inscrit d'ailleurs dans ce qui est appelé la professionnalisation de l'enseignement. C'est ainsi qu'au Québec et à peu près partout dans le monde, comme pour tout autre professionnel, on s'attend de l'enseignante, de l'enseignant qu'il manifeste son professionnalisme dans ses attitudes et dans ses interventions, qu'il soit responsable de ses choix professionnels et qu'il puisse rendre compte de son agir et de ses actions.

Mais en quoi consiste la compétence éthique ou en quoi devrait-elle consister ? Comment se manifeste-t-elle dans la pratique pédagogique ? Sur quels critères peut-on la juger ? Comment peut-on la développer avant l'entrée dans la profession et durant la carrière enseignante ? Pour répondre à ces questions, on peut non seulement se référer à des conceptions philosophiques, mais aussi à des conceptions pédagogiques qui fournissent des explications sur les orientations de la pratique professionnelle enseignante et de la formation à l'éthique.

C'est dans la perspective du développement de la compétence éthique comme compétence professionnelle que se situe cet ouvrage de formation à l'éthique professionnelle pour les enseignantes et enseignants des écoles primaires et secondaires du Québec. Il est destiné autant à la formation initiale qu'au perfectionnement des enseignants en exercice, car tous sont également interpellés en ce qui concerne leur éthique professionnelle. Bien que ce livre soit destiné à la formation des enseignantes et enseignants, il ne s'agit pas d'un ensemble de recettes ou de méthodes incontestables pour résoudre les problèmes éthiques qui peuvent surgir dans la vie professionnelle.

Il est en effet nécessaire de préciser d'entrée de jeu que cet ouvrage ne prétend pas donner la solution à tous les problèmes rencontrés en enseignement, ce qui constituerait de toute façon une mission impossible et n'irait pas dans le sens d'une véritable formation professionnelle. Ce livre n'a pas été conçu non plus pour prévoir d'une façon unique et imposée divers comportements éthiques propres à la pratique enseignante. En fait, il a été réalisé pour aider les enseignantes et enseignants à saisir la nature profondément éthique de leur travail au quotidien et à leur donner des repères pour exercer leur jugement professionnel dans les situations qui comportent des enjeux éthiques. Ces situations sont nombreuses, elles sont diverses et elles sont perceptibles dès les premiers stages en formation des maîtres. En fait, elles sont inévitables et, comme il apparaîtra à la lecture du livre, elles sont inhérentes à la nature même de la profession enseignante (Desaulniers, 2002a).

Nombre d'enseignantes et enseignants sont désemparés devant des situations qui posent problème sur le plan éthique à l'école. De façon intuitive, ils perçoivent qu'elles leur demandent de réfléchir avant, pendant ou après l'intervention, mais ils ne savent pas nécessairement comment s'y prendre pour analyser et résoudre les problèmes rencontrés. Certains d'entre eux se référeront à leur éthique personnelle, à leur éducation familiale et religieuse, à leurs croyances ou à leurs propres valeurs pour trouver des repères et parfois pour intervenir; d'autres se contenteront de suivre la coutume ou d'obéir à la lettre à des règlements ou à des normes institutionnelles, qu'ils soient adéquats ou non dans la situation. Il manque encore une éthique professionnelle collective à laquelle tous les membres du corps enseignant pourraient se référer et dans laquelle ils pourraient se reconnaître.

En tant qu'outil de réflexion, d'analyse et de préparation à l'action, ce livre est basé sur le cadre de référence de l'éthique professionnelle développé par Legault (1999, 2006). En tant que forme d'éthique appliquée, l'éthique professionnelle fait l'objet de nombreuses recherches et fournit des encadrements à des professionnels comme les médecins et les ingénieurs, à divers ordres professionnels ou encore à de nouvelles professions comme celle de sage-femme. L'éthique professionnelle enseignante n'échappe pas à cette préoccupation contemporaine et elle est appelée à se développer autant chez les individus que dans le groupe.

Dans le but d'aider les enseignantes et enseignants à développer leur éthique professionnelle, ce livre comporte des connaissances de base, des démarches d'analyse et de discussion, des orientations pour l'action et même l'identification de certains comportements inacceptables à l'école et d'autres qui sont préférables. Les devoirs et responsabilités des enseignantes et enseignants tels qu'ils sont énoncés dans la *Loi sur l'instruction publique* sont également présentés. L'enseignement est une profession où les normes de conduite doivent orienter autant les élèves que les enseignantes et enseignants qui sont non seulement des formateurs, mais aussi des modèles. La société attend beaucoup d'eux, notamment qu'ils manifestent leur éthique professionnelle dans leurs comportements. Dans ce livre, nous faisons état des balises qui encadrent les enseignantes et enseignants à « agir de façon éthique et responsable dans l'exercice de leurs fonctions », comme le recommande le ministère de l'Éducation, du Loisir et du Sport.

Dans une démarche plus classique d'éthique professionnelle, il reviendrait au personnel enseignant de déterminer collectivement ces balises en se fondant à la fois sur la mission sociale de la profession, sur un savoir fondamental en éthique et en enseignement, de même que sur le savoir d'expérience. Ce travail se réalise probablement de manière implicite et parfois explicite dans les divers établissements scolaires. Mais les résultats ne sont pas consignés, documentés ni diffusés largement.

L'objectif de ce livre est de fournir un ensemble d'éléments qui peuvent favoriser le développement du jugement professionnel et le professionnalisme des enseignantes et enseignants en formation initiale et continue. Il peut servir tout autant de référence théorique que de moyen pratique de formation. Dans ce cadre, le développement de l'éthique professionnelle ne vise pas simplement l'obéissance à des principes ou des normes, mais bien davantage la réflexion sur le sens du travail, les valeurs professionnelles et les finalités des actions. Cette réflexion sur l'agir peut être faite individuellement ou avec des collègues.

C'est une perspective socioconstructiviste qui est privilégiée dans ce livre, tout comme dans la formation des enseignantes et enseignants qu'elle soutient, et ce, pour deux raisons. La première réside dans le fait que cette perspective éducative est centrale dans le Programme de formation de l'école québécoise du primaire et du secondaire et qu'elle doit être, par conséquent, encouragée dans le cadre de la formation initiale et continue à l'enseignement. La seconde raison repose sur la logique de la formation à l'éthique professionnelle : il ne s'agit pas d'une démarche qui impose des normes ou des valeurs théoriques à des praticiens mais, au contraire, il s'agit d'une démarche où les normes et les valeurs sont identifiées, discutées et actualisées par les praticiens eux-mêmes, à partir du contexte de l'exercice de leur pratique quotidienne. Il s'agit alors d'une construction collective du sens qui anime la vie professionnelle. C'est pourquoi des questions d'approfondissement et des situations qui interpellent sur le plan éthique sont présentées à la fin de chaque chapitre pour encadrer la réflexion et nourrir la discussion des étudiantes et étudiants.

La première partie du livre comprend les trois premiers chapitres. Dans cette première partie, **le cadre social et conceptuel** dans lequel se situe l'éthique professionnelle des enseignants est mis en évidence. Ce cadre sert de fondement aux chapitres subséquents et aux apprentissages proposés tout au long du livre.

Le premier chapitre montre comment l'éthique professionnelle des enseignantes et enseignants est passée d'**une question sociale à une éthique de la pratique professionnelle**. On présente d'abord brièvement comment l'éthique s'est développée dans la société québécoise, puis le cadre théorique et pratique de l'éthique appliquée est précisé. Ensuite, on situe l'éthique dans le contexte des divers éléments normatifs qui encadrent actuellement les activités humaines. Enfin, la notion de profession est présentée, car elle s'avère essentielle pour définir l'éthique professionnelle.

Le deuxième chapitre porte sur **l'éthique professionnelle des enseignants**. Cette notion est d'abord expliquée à partir de plusieurs aspects : les connaissances spécialisées à la base de la pratique professionnelle, l'autonomie et la relation de confiance qui la caractérisent, l'intervention et la relation professionnelle. On poursuit avec la responsabilité éducative des enseignants, puis la place de cette responsabilité dans le contexte de la professionnalisation de l'enseignement. La compétence relative à l'éthique telle qu'elle a été déterminée par les autorités éducatives est ensuite examinée. Ce chapitre se termine enfin par une explication à propos de la demande de création d'un ordre professionnel pour les enseignants et de la réponse négative qui lui a été apportée.

Le troisième chapitre a trait à **l'encadrement légal et réglementaire de la profession enseignante** par la *Loi sur l'instruction publique*, les politiques des commissions scolaires, les règlements locaux et codes de vie, les conventions collectives. On rappelle également les structures légales communes à tous les citoyens comme le *Code civil* et le *Code criminel* et leurs incidences sur la pratique enseignante, tout en distinguant nettement l'éthique du droit. On examine aussi le rôle qu'aurait joué un ordre professionnel des enseignants assorti d'un code de déontologie et d'un comité de discipline. On présente finalement la tension entre l'obéissance aux normes et aux règles et l'autorégulation nécessaire en éthique professionnelle puisque les enseignantes et les enseignants incarnent des modèles à l'école.

La deuxième partie du livre comprend les chapitres qui portent sur **les composantes de la pratique enseignante** vues sous l'angle de l'éthique professionnelle.

Le quatrième chapitre a trait aux **finalités éducatives**, à leur nécessité pour donner un sens et une orientation aux interventions éducatives, ainsi qu'à leur évolution au Québec. Les trois missions (instruire, socialiser et qualifier) reconnues à l'école par la politique éducative sont rappelées de même que le rôle des enseignantes et enseignants dans la poursuite de ces finalités. La réflexion sur les finalités éducatives amène à développer une éthique du service public dans l'enseignement.

Le cinquième chapitre aborde l'éthique comme domaine contemporain de réflexion rationnelle sur les valeurs et de promotion de celles-ci dans l'espace public. **Les valeurs professionnelles du personnel enseignant** sont présentées et analysées. La notion de valeur est définie, ainsi que les divers niveaux de valeurs : valeurs personnelles, valeurs professionnelles et valeurs sociales. Les conflits de valeurs qui peuvent survenir dans la pratique enseignante sont étudiés en relation avec ces trois niveaux. Les valeurs professionnelles sont considérées ici comme des éléments essentiels de l'identité professionnelle du personnel enseignant, et la délibération éthique comme un moyen de s'approprier collectivement des valeurs professionnelles et comme un mode de résolution des conflits de valeurs.

Le sixième chapitre amène à préciser ce qu'est une **intervention professionnelle en enseignement** en faisant la distinction entre le pouvoir d'intervenir et la nécessité d'intervenir. La question des limites de l'intervention est posée. De plus, la possibilité de l'abus de pouvoir, qui est un risque réel de toute intervention professionnelle, est abordée. Les types d'interventions et les actes professionnels des enseignantes et enseignants sont examinés, en particulier dans le cadre de la classe.

Les trois chapitres suivants portent sur les types de relations qui comportent des enjeux éthiques : la relation au savoir ; la relation pédagogique ; la relation aux collègues et à la société.

Au septième chapitre, on se penche sur les questions éthiques posées par **la relation au savoir dans l'enseignement**. Puisque la réforme de l'éducation met en valeur le mandat culturel de l'école et le rôle de l'enseignant comme passeur culturel, considéré héritier, critique et interprète de la culture, la question de la compétence relative au savoir à enseigner est posée en tant que question éthique. On montre la nécessité de connaissances appropriées et actuelles pour tout le personnel enseignant et l'obligation d'un perfectionnement continu, en adéquation avec la compétence éthique énoncée dans le référentiel de compétences professionnelles du ministère de l'Éducation, du Loisir et du Sport pour la formation à l'enseignement.

Le huitième chapitre porte sur **la relation pédagogique**, qui est au cœur de l'enseignement. On y traite des qualités professionnelles reconnues comme essentielles dans la relation avec les élèves. Les questions de la justice, de la discrimination, des préférences personnelles sont abordées ainsi que celle, toujours récurrente, de la séduction pédagogique. Deux cas particuliers sont présentés plus précisément: le contact physique enseignant-élèves et le contrôle de la violence à l'école. De plus, la confidentialité des renseignements qui concernent les élèves est étudiée.

Au neuvième chapitre, **la relation aux collègues et à la société** est mise en relief. La notion de communauté éducative et celle de la responsabilité collective des enseignantes et enseignants à l'égard de la réussite des élèves sont abordées. La vie de la classe et la vie de l'école sont examinées afin de fournir des exemples d'engagement, par exemple dans des projets à visée organisationnelle pédagogique. Le professionnalisme collectif est traité non seulement à l'échelle de l'école, mais aussi à l'échelle de la société.

S'il est nécessaire de posséder des connaissances spécialisées et des savoir-faire spécifiques pour accomplir son travail professionnel, la capacité d'analyse et de prise de décision par rapport à diverses situations rencontrées dans l'exercice de ses fonctions est nécessaire au développement de l'éthique professionnelle. Comme on peut le remarquer dans ce livre, bien que chaque professionnel soit responsable de son propre développement, une éthique partagée par les membres du groupe professionnel est souhaitable.

Dans cette optique, à la fin de chaque chapitre, nous proposons divers outils de formation qui peuvent être mis en œuvre dans des situations de réflexion personnelle et de dialogue en groupe. On trouve ainsi trois types d'outils: des questions de réflexion, de discussion et de débat; des ateliers à faire en équipes de travail suivis d'un retour en grand groupe; des références pour approfondir des sujets abordés dans le chapitre.

PARTIE

1

Le cadre social et conceptuel de l'éthique

Les questions relatives à l'éthique sont régulièrement soulevées dans les médias et dans les discussions professionnelles. Elles peuvent concerner, par exemple, une avancée technoscientifique comme le clonage ou des gestes posés dans l'exercice professionnel. Dans le but de mieux comprendre la situation, l'événement ou le cas, on l'analyse pour dégager sa nature, ses enjeux, ses conséquences. Il arrive un moment où les analystes se demandent: « À quel problème moral avons-nous affaire dans cette situation? » ou encore: « Quelles balises éthiques peuvent éclairer et guider l'agir dans la situation? » Ces questions peuvent aussi être posées en ce qui concerne l'enseignement. C'est pourquoi dans cette première partie du livre, on traite de concepts fondamentaux du domaine de l'éthique professionnelle afin de fournir le cadre pour analyser les composantes éthiques de la pratique professionnelle enseignante qui seront abordées dans la seconde partie.

CHAPITRE

1

L'éthique professionnelle

D'une question sociale à une éthique de la pratique professionnelle

Intentions pédagogiques

Après avoir lu ce chapitre et discuté de son contenu, vous devriez être en mesure de :

- comprendre pour quelles raisons l'*éthique[1] est importante dans la société ;
- identifier les caractéristiques de l'*éthique appliquée ;
- reconnaître différentes formes de *régulations sociales ;
- distinguer l'éthique de la *morale et de la *déontologie ;
- saisir ce qu'implique l'éthique professionnelle dans le cadre de l'exercice d'une profession.

L'éthique est un sujet à la mode. Sans cesse, des faits d'actualité ou des scandales surviennent et la population en appelle alors à davantage d'éthique de la part des décideurs. Pensons, par exemple, à la société Enron qui, en 2002, a ruiné des centaines d'employés et d'épargnants

1. Les termes précédés d'un astérisque à leur première occurrence dans le livre sont définis dans le glossaire présenté à la fin de l'ouvrage.

américains à la suite de manœuvres comptables frauduleuses de ses dirigeants ou encore, dans plusieurs pays, aux différents scandales reliés au financement des partis politiques. Ce qui est demandé, ce qui est même exigé, c'est une forme d'éthique pour encadrer la vie en société. Et pour s'en assurer et rassurer ainsi la population, on peut exiger des garanties de préoccupations éthiques de la part des personnes qui ont des responsabilités, ou encore les obliger à déclarer d'éventuels conflits d'intérêts et à se retirer lors de *délibérations sur le sujet. Par exemple, en mai 2011, le ministre des Affaires municipales, des Régions et de l'Occupation du territoire du Québec annonçait que les élus municipaux devront dorénavant recevoir une formation en éthique en vertu de la *Loi sur l'éthique et la déontologie en matière municipale*. Au-delà de faits d'actualité dans tous les domaines, et pas uniquement dans celui des affaires ou de la vie politique comme nous venons de le voir, une préoccupation au sujet de l'éthique est présente dans de nombreux milieux. Elle traverse la société et suscite la réflexion de personnes, d'associations, d'institutions diverses, y compris les institutions éducatives. Mais, comment se fait-il que cette préoccupation soit si présente depuis quelques années dans nos sociétés ? D'où vient ce « *souci éthique[2] » rencontré partout et que signifie-t-il ?

1.1. L'éthique, une question sociale

Les préoccupations éthiques sont très anciennes puisqu'elles remontent à la civilisation grecque : Platon se demandait si l'on pouvait enseigner la *vertu, Aristote s'interrogeait sur le citoyen vertueux et tous les deux cherchaient à définir la sagesse et les caractéristiques d'une vie vertueuse. Tous deux cherchaient également le meilleur gouvernement possible pour la Cité. On remarque que ces questions sont de plus en plus présentes dans la société québécoise, ce qui pourrait s'expliquer par divers facteurs sociaux communs aux sociétés modernes et démocratiques.

1.1.1. Le déclin de la religion et de la morale traditionnelle

Le premier facteur lié au développement de l'éthique est la prise de conscience collective que certains repères traditionnels, comme la religion et la morale, ne suffisent plus pour aider les êtres humains à

2. L'expression « souci éthique » est utilisée par l'*éthicien québécois Pierre Fortin (2007) en référence à la définition de l'éthique proposée par le philosophe français Paul Ricœur comme souci de soi, souci d'autrui et souci de la société.

prendre des décisions et à gérer de façon acceptable la vie en société. C'est ce qu'on a appelé la crise des *valeurs des sociétés occidentales. Plusieurs considèrent que nous manquons collectivement de « gyroscope éthique[3] » pour nous orienter, nous repérer et ne pas faire exploser de mines sous-marines ou exploser nous-mêmes.

Jusqu'au début des temps modernes, que l'on situe généralement au XVIIIe siècle, les sociétés reposaient sur l'autorité politique et sur l'obéissance à des principes et à des commandements religieux. La religion a perdu du pouvoir dans les sociétés modernes qui sont, en général, *décléricalisées. Ainsi, le Québec a amorcé sa Révolution tranquille des années 1960 en nationalisant des services éducatifs et sociaux qui étaient auparavant gérés par les autorités religieuses. La *déconfessionnalisation complète du système éducatif est récente. D'une part, les commissions scolaires *confessionnelles ont été restructurées en commissions scolaires linguistiques en 1998; et, d'autre part, l'enseignement moral pour les exemptés de l'enseignement religieux de même que l'enseignement moral et religieux confessionnel catholique et protestant au primaire et au secondaire ont été abolis en 2008 et remplacés par un programme d'éthique et culture religieuse qui s'adresse à tous les élèves. La religion peut encore constituer une référence pour de nombreuses personnes, mais aucune n'est partagée par toute la population, qui est beaucoup plus diversifiée qu'autrefois aux plans des valeurs, de la foi ou bien de l'absence de croyance religieuse. La morale, imposée par les familles et qui s'appuyait souvent essentiellement sur la religion, n'est plus acceptée par tous non plus.

Chacun doit quand même posséder des orientations pour savoir comment mener sa vie avec les autres. Cependant les sociétés modernes ne peuvent plus être basées seulement sur l'obéissance et l'autorité. Des repères sont pourtant nécessaires pour savoir jusqu'où aller sans nuire aux personnes et, comme la religion et la morale n'en proposent plus qui soient acceptés par l'ensemble de la société, l'éthique est appelée à la rescousse.

1.1.2. Le besoin de limites et la nécessité de contrôles

L'éthique s'est développée pour répondre à un besoin non seulement de repères, mais aussi de limites. Dans certains cas, elle a pris le relais de la religion et de la morale, qui interdisent des comportements comme

3. Manquer de gyroscope éthique est une expression utilisée par les éthiciens pour illustrer le manque de repères dans notre société.

le meurtre ou le viol, car ceux-ci mettent en péril le respect de la vie humaine et l'ordre social. L'éthique contemporaine s'est développée comme une alternative aux anciennes façons d'encadrer les comportements sociaux. Ce qui était auparavant interdit par Dieu ou par la morale est devenu non plus interdit, mais inacceptable du point de vue éthique. L'éthique se présente donc comme une barrière moderne contre des comportements socialement nuisibles quand les autres remparts s'écroulent dans les sociétés industrialisées. Nous verrons plus loin comment l'éthique se distingue de la religion et de la morale, et comment elle implique une façon différente de considérer et de résoudre des questions sociales. Il faut cependant garder en tête la filiation de l'une à l'autre.

1.1.3. Le pluralisme des sociétés démocratiques

La société québécoise est de plus en plus diversifiée. Le *pluralisme culturel, ethnique et religieux est un fait de société inéluctable qui empêche une définition unique de la morale, du bien ou du mal. Le pluralisme provient de deux grandes sources : l'immigration et la montée de l'individualisme. Dans les écoles, par exemple, des élèves d'origines diverses se côtoient et se réfèrent à des cultures familiales très différentes. Par ailleurs, indépendamment de l'origine ethnique, on trouve aussi de nombreuses situations où l'individu désire que sa différence et son unicité soient reconnues par le groupe. Dans un tel contexte, une conception unique de la vertu, du bien ou de la morale n'est plus pensable ni gérable.

1.1.4. Le développement des droits individuels

L'éthique s'est développée en même temps que les grands mouvements de lutte pour les droits des minorités. On peut penser, par exemple, à la bataille pour les droits civiques des Noirs américains, aux mouvements féministes, aux revendications pour les droits des personnes homosexuelles ou handicapées. Le *droit est devenu le mode privilégié de régulation sociale et de résolution des conflits sociaux et interpersonnels en Amérique du Nord. De même, la société québécoise est une société de droit dans laquelle les droits individuels sont tellement importants que la *Charte des droits et libertés de la personne* a préséance sur toute autre loi actuelle ou future ; elle protège notamment la liberté de croyance et de religion. Il était logique que, dans ce contexte, les autorités éducatives aient eu à mettre fin à l'enseignement confessionnel catholique et protestant dans les écoles, car cela ne respectait pas les droits des personnes non chrétiennes ou *athées.

1.1.5. Les conséquences du progrès scientifique et technique

Le développement récent dans l'histoire des préoccupations éthiques est dû en grande partie au développement de la science et la technologie. Les sciences ont apporté de plus en plus de connaissances aux êtres humains, ainsi que la possibilité d'intervenir sur la nature et sur eux-mêmes de façon de plus en plus raffinée et de plus en plus intrusive. Il n'y a guère de limites au développement de la technologie dans tous les domaines. Cependant, toutes les inventions peuvent entraîner des conséquences sur l'environnement et sur les êtres humains ; certaines interventions sont dangereuses ou peuvent être utilisées de façon dangereuse. Le développement technologique a permis, par exemple, l'invention du laser, qui peut aussi bien être utilisé comme arme pour tuer que comme technique médicale pour soigner et guérir. Il faut se rappeler ici que la célébrité d'Albert Einstein vient non seulement de ses recherches scientifiques qui ont donné naissance à la théorie de la relativité, mais aussi et peut-être encore plus de son combat contre l'utilisation des recherches en physique pour élaborer des armes atomiques.

Les sociétés modernes industrialisées ont des ressources technologiques qui leur confèrent de grands pouvoirs et ceux-ci entraînent des responsabilités tout aussi grandes. Une des difficultés des sociétés industrialisées est que l'utilisation des technologies est envisagée pour accroître la performance économique, mais pas, au premier chef, pour assurer le développement et la qualité de vie, voire le bonheur des personnes. Plus une société est développée au point de vue scientifique et technologique, plus elle a de pouvoir pour intervenir dans la vie des personnes. Ce n'est certes pas par hasard que l'éthique s'est développée dans les pays les plus riches, les plus industrialisés et les plus avancés au point de vue technologique.

En somme, plusieurs raisons expliquent que l'éthique se soit développée depuis quelques décennies dans nos sociétés industrialisées, comme une nouvelle façon d'aborder des questions morales. Le tableau 1 rapporte des éléments qui permettent de caractériser l'éthique.

Tableau 1
Les caractéristiques de l'éthique

- L'éthique est liée, entre autres, au sentiment que certaines actions humaines sont inacceptables;
- L'éthique vise à protéger les personnes, à garder en elles ce qui fait leur qualité d'êtres humains;
- L'éthique est liée à la régulation du pouvoir que les êtres humains ont sur l'environnement et sur les personnes;
- L'éthique est un appel à davantage de responsabilité et à davantage de considération des incidences de ses décisions sur autrui;
- L'éthique est une façon renouvelée de déterminer, de réfléchir et de choisir des comportements individuels et collectifs acceptables ou inacceptables. C'est un instrument de régulation sociale;
- L'éthique est une réflexion sur les valeurs, le sens et les finalités des actions humaines permettant de prendre des décisions éclairées et responsables.

1.2. Le cadre théorique et pratique de l'éthique appliquée

Au cours du XXe siècle, la réflexion éthique n'a pas été conduite seulement par des philosophes au sein de débats universitaires de spéculation philosophique abstraite. Devant l'ampleur des nouveaux questionnements induits par le développement des technologies et par l'avènement des sociétés pluralistes qui ne peuvent être basées sur une conception exclusive du bien et du mal, les philosophes et les éthiciens ont été sollicités pour participer à différents débats sur le terrain et à accompagner des décideurs dans de nombreuses sphères d'action (Jutras, 2009). On a alors commencé à distinguer l'éthique fondamentale et l'éthique appliquée.

1.2.1. Un bref historique

Le domaine de l'éthique appliquée s'est particulièrement développé dans les pays anglo-saxons depuis les années 1960. Par exemple, la *bioéthique a pris un grand essor à partir de problèmes concrets posés dans le domaine de la santé, comme celui des soins en début et en fin de vie. Les décisions étaient difficiles à prendre et il a fallu en discuter dans des lieux qui dépassent les murs des hôpitaux. Il a même fallu parfois s'en remettre à des décisions de tribunaux pour résoudre des problèmes moraux inédits pour lesquels la morale traditionnelle ne fournissait pas de réponse. Par exemple, qu'est-ce qui détermine la fin d'une vie humaine: un état d'inconscience comme le coma, la fin de la respiration naturelle alors qu'il existe des appareils pour y suppléer, la mort cérébrale décelée par un électroencéphalogramme? Cet exemple illustre une situation de bioéthique. Mais on peut remarquer que toutes sortes de situations ont donné lieu à des discussions éthiques. Par exemple, la responsabilité morale des entreprises ; les responsabilités envers les animaux, l'environnement et les générations futures ; l'armement nucléaire et la guerre nucléaire ; le racisme, le sexisme et la discrimination positive.

Le domaine de l'éthique appliquée est aussi en plein essor au Québec depuis une quarantaine d'années et plus particulièrement depuis 30 ans. Comme aux États-Unis, ce domaine s'est développé avec la bioéthique, mais aussi à cause de préoccupations sociales et éducatives particulières. Dans leur recherche d'une forme d'éducation aux valeurs détachée de la religion chrétienne, un certain nombre d'éthiciens québécois ont mené des travaux sur le développement moral, la philosophie pour enfants ou l'enseignement de la morale (Lebuis, 2008). D'autres se sont intéressés à l'éthique dans le domaine des soins, des affaires ou encore de l'environnement. Ces travaux ont pour point commun de chercher à comprendre et à développer le jugement essentiel à la prise de décisions éthiques et à l'agir responsable.

1.2.2. Une philosophie pratique

En tant que domaine du savoir, l'éthique appliquée relève de la *philosophie pratique, branche de la philosophie qui porte sur les actions humaines pour déterminer ce qu'est le bien et le juste. La philosophie morale fait aussi partie de la philosophie pratique, mais d'une façon très différente de l'éthique appliquée, puisque la philosophie morale vise l'élaboration théorique de principes, comme celui du devoir, afin d'identifier, par déduction, des manières de les actualiser dans la vie de tous les jours. L'éthique appliquée se distingue de la philosophie morale, avec laquelle elle partage tout de même un intérêt pour les meilleurs comportements, par le fait qu'elle ne détermine pas à l'avance ce qui serait bien ou juste. Elle ne s'appuie ni sur une religion ni sur une morale particulière, c'est-à-dire sur une autorité qui imposerait un idéal de perfection morale. Elle s'appuie uniquement sur les capacités de la raison humaine de trouver des solutions à des questions difficiles et parfois même inédites. C'est pourquoi on considère que l'éthique appliquée relève de la *raison pratique. L'une des formes les plus anciennes et les plus connues de la raison pratique est la prudence, qu'Aristote a définie dans son *Éthique de Nicomaque* comme « une disposition accompagnée de règle vraie, capable d'agir dans la sphère de ce qui est bien ou mal pour des êtres humains ». Pour bien comprendre la portée de l'éthique, il faut ajouter que ces êtres humains vivent en société. La raison permet alors de trouver non pas la solution idéale et parfaite, mais une solution raisonnable dans le contexte de la situation. Bien évidemment, l'éthique appliquée tient compte des théorisations effectuées en éthique fondamentale, appelée *métaéthique en Amérique du Nord, mais elle ne s'y limite pas.

1.2.3. Une démarche inductive

Le terme d'éthique appliquée peut porter à confusion, car on est intuitivement tenté de croire qu'il s'agit de l'application de théories éthiques à des problèmes de terrain. Cela supposerait une démarche où l'on déduit d'une théorie éthique des applications concrètes pour agir dans la vie réelle. Or l'éthique appliquée signifie tout le contraire. Il s'agit d'une démarche inductive où l'on part des problèmes du terrain, c'est-à-dire des pratiques et des actions humaines ancrées dans des réalités concrètes, pour analyser, choisir et décider. Dans des domaines particuliers comme la médecine, les affaires et les communications, de nombreuses questions reliées aux développements technoscientifiques, à l'organisation du travail ou aux droits des personnes obligent à prendre des décisions par rapport à des situations qui ont des répercussions importantes sur des personnes ou la société, et où les choix sont difficiles à faire parce que ces situations comportent des zones grises. Il convient alors d'examiner ces situations pour dégager des valeurs et des principes, et analyser leurs tenants et aboutissants afin de prendre des décisions qui respectent les personnes concernées par ces situations. La pratique enseignante constitue aussi une situation professionnelle complexe où les décisions prises sont lourdes de conséquences sur les personnes – d'où l'importance d'une démarche d'analyse inductive pour la réflexion et la prise de décision.

1.2.4. Une éthique de l'intervention

Le but de l'éthique appliquée est d'encadrer les démarches pour faire des choix éclairés en matière d'agir dans des situations particulières qui posent problème. La question que doit se poser le professionnel est la suivante : est-ce la meilleure chose à faire dans les circonstances ? (Legault, 1999.) Dans de nombreux milieux, les éthiciens agissent comme des consultants dont le rôle est d'aider à réfléchir, de proposer des pistes de réflexion sur les valeurs et sur le sens des pratiques en jeu dans la situation, et ainsi de favoriser une prise de décision éclairée. Le travail des éthiciens en *partenariat avec les milieux professionnels ou les organismes sociaux s'avère donc essentiel. Dans certains cas, les décisions prises peuvent avoir des conséquences importantes et même mener à des changements de pratiques. Il arrive d'ailleurs que la réflexion entreprise aboutisse à la création de comités d'éthique ou de codes d'éthique dans les milieux qui ont entrepris une démarche de réflexion éthique structurée.

1.2.5. Une méthode fondée sur le dialogue

La prise de décision dans un cadre d'éthique appliquée porte sur des cas réels, grâce à la discussion et l'échange effectués le plus souvent en groupe ou en comité. Il s'agit d'analyser ensemble le sens des interventions et les valeurs à privilégier dans l'intervention, de façon à prendre des décisions éclairées. Une méthode de délibération éthique a été mise au point pour structurer ces analyses (Legault, 1999); elle sera présentée à la fin du chapitre 5 consacré aux valeurs. Comme les situations professionnelles où on traite de problèmes éthiques sont souvent complexes, le travail en comité s'effectue le plus souvent de façon *interdisciplinaire. Par exemple, dans une école aux prises avec une situation de violence, un comité composé d'enseignants, de membres des services complémentaires (psychologue, infirmière, travailleuse sociale, par exemple), de membres de la direction et de parents peut se réunir pour analyser la situation d'un point de vue éthique afin de prendre des décisions éclairées.

L'éthique appliquée constitue donc à la fois un cadre théorique et une approche pratique qui sont particulièrement appropriés à la prise de décision et à la réflexion sur les pratiques enseignantes. Cependant, l'éthique ne constitue pas seulement une réflexion; elle peut aussi prendre la forme d'un pouvoir de contrainte de personnes quand elle s'incarne dans des codes ou des règlements. Nous allons maintenant examiner l'éthique comme mode de régulation sociale, au même titre que le sont la morale et la déontologie, en précisant la signification de ces termes qui sont utilisés de diverses façons et qui revêtent des significations différentes selon les auteurs et les contextes d'usage.

1.3. Les régulations sociales

Les termes de morale, d'éthique et de déontologie sont utilisés de diverses façons pour définir les comportements bons, vertueux ou acceptables dans la société, que ceux-ci soient privés ou publics, individuels ou collectifs. La morale, l'éthique et la déontologie partent toutes du principe selon lequel les comportements humains ne sont pas tous d'égale valeur, que certains d'entre eux ne sont pas acceptables, et qu'il faut quelquefois contrôler les comportements et contraindre les personnes en leur imposant des *normes de comportements. C'est l'aspect négatif de la morale et de ses dérivés. Mais elles postulent également que les humains peuvent s'entendre autour de certains principes et valeurs guidant leurs conduites, pour le mieux-être de chacun et de tous. C'est l'aspect plus positif de ces régulations.

À ces trois formes de régulation sociale que sont la morale, l'éthique et la déontologie, il faut ajouter la religion, qui est la forme la plus ancienne de contrôle des comportements sociaux. Ce qui distingue la religion de la morale, de l'éthique et de la déontologie, c'est le *référent, c'est-à-dire le principe au nom duquel ces régulations fonctionnent. Les principes religieux existent au nom de Dieu et ils se concrétisent dans des comportements ou des rites qu'il faut suivre si l'on est croyant. Ainsi, le chrétien suit les dix commandements et se réfère aux Évangiles pour déterminer sa conduite, le juif respecte les recommandations inscrites dans la Thora et le musulman obéit aux *préceptes transmis par le Coran. Ces trois exemples ne concernent que les trois religions *monothéistes qui se réfèrent à des textes. D'autres religions comme les spiritualités amérindiennes, par exemple, passent plutôt par la tradition orale transmise de génération en génération.

Certes, il existe des morales religieuses ou plus exactement des morales issues des religions, comme la morale chrétienne, qui a eu une grande influence au Québec. Ces morales prescrivent des comportements en fonction de principes reliés à la croyance en Dieu. La morale, l'éthique et la déontologie, à la différence des religions, ne se reportent pas nécessairement à Dieu. Elles réfèrent aux êtres humains pour recommander certains comportements et en refuser d'autres: ce sont des régulations sociales *humanistes et *laïques. Il existe cependant des éthiques laïques et des éthiques religieuses, des morales laïques et des morales religieuses.

Les régulations sociales ne peuvent entraîner des effets dans la société que si des institutions et des personnes dont l'autorité morale est reconnue sont chargées de les élaborer et de les faire respecter. Les Églises et le clergé ont de l'autorité sur les fidèles; les parents et les éducateurs ont de l'autorité sur les jeunes qui doivent leur obéir; un ordre professionnel a l'autorité nécessaire pour faire respecter son *code de déontologie par ses propres membres. Cependant, le degré d'autorité et le degré d'obéissance attendue peuvent varier.

Nous allons présenter maintenant ces régulations sociales, en commençant chaque fois par leur aspect le plus théorique pour aller progressivement vers leur aspect le plus précis et le plus concret. À la fin de la section 1.3, le tableau 5 servira à récapituler ces divers éléments.

1.3.1. La morale

Le terme *morale* vient du mot latin *mores*, qui désigne les mœurs ou façons de vivre dans un groupe. Ce terme est employé dès l'Antiquité pour désigner une partie de la philosophie consacrée à la recherche du bien et de la vie bonne qu'on appelle la philosophie morale. Cette approche théorique de la morale se fonde sur une conception de la nature humaine, de la raison, de la vérité. Elle cherche à définir des principes permettant de mener une vie bonne, par exemple en décrivant les différentes vertus telles le courage ou la générosité. Elle étudie aussi la notion de devoir et de responsabilité. Au nom d'un idéal moral, la philosophie morale définit des principes et elle fait appel à la conscience morale de chaque personne et à son sens du devoir.

Quand la morale devient plus précise encore, elle indique les comportements acceptables et inacceptables dans des codes moraux. C'est le sens courant du terme morale, celui des règles et des normes de comportements. Ce qui est visé, c'est l'obéissance au code, mais toujours au nom d'un idéal élevé. C'est alors que la morale devient un outil disciplinaire : elle précise, d'une part, les fautes à ne pas commettre et, d'autre part, les conséquences reliées aux fautes commises. Par exemple, toutes les morales condamnent le meurtre, le vol et le viol. Cependant, la morale peut être plus ou moins stricte. Elle peut se limiter à recommander des comportements et faire appel à la bonne volonté des personnes pour les suivre ; dans ce cas, elle est seulement *incitative. Elle peut aussi imposer des comportements précis et punir sévèrement les personnes qui ne suivent pas ses préceptes ; on parlera alors d'une morale répressive et autoritaire. Les châtiments corporels sont un exemple de punitions liées à une faute dans le cadre d'une morale répressive.

Il faut faire attention à ne pas confondre la morale avec son aspect le plus étroit et le plus contraignant. La morale ne vise pas simplement une obéissance mécanique à des règles ou à des codes. Quand une personne obéit à des règles morales sans les comprendre, elle est plutôt victime d'endoctrinement. Quand elle obéit par peur de représailles, elle est dressée plutôt qu'éduquée moralement. La philosophie morale insiste sur la capacité des personnes à développer leur conscience morale et à comprendre la nécessité des normes morales pour les respecter. La philosophie morale insiste aussi sur la liberté des personnes de suivre ou de ne pas suivre les codes moraux, sur leur jugement, sur la volonté qui permet d'agir, sur la responsabilité de chaque personne.

C'est justement au nom de la liberté individuelle que la morale est parfois contestée, tout particulièrement quand elle se transforme en *moralisme, c'est-à-dire en un catalogue de comportements permis et défendus et de punitions assorties aux fautes et aux manquements. Le moralisme constitue une morale qui juge, culpabilise et condamne sévèrement les personnes dont les comportements semblent immoraux ou contraires à la morale. Il n'admet pas de circonstances atténuantes ni de possibilité d'interpréter le code moral. Cette attitude est illustrée par l'expression « faire la morale », ce qui signifie juger une personne sur des critères moraux, l'accuser et la condamner. Traiter un élève qui a de mauvais résultats scolaires de paresseux, sans égard à ses capacités ou à ses efforts réels, est un exemple de jugement moralisateur qui était assez courant dans les écoles d'autrefois.

Dans la société actuelle, la morale a mauvaise réputation, en grande partie à cause de sa sévérité et du moralisme avec lequel elle a souvent été confondue. On la considère comme imposant un contrôle excessif et répressif des comportements, ce qui semble incompatible avec une société où priment les droits individuels. L'autorité morale est alors contestée et la notion de devoir moral est remise en cause. On assiste maintenant à ce que le sociologue Gilles Lipovetsky (2000) a appelé le « crépuscule du devoir ». C'est pour cette raison que la morale n'est plus un référent collectif systématique et qu'elle est progressivement remplacée par l'éthique. Certains groupes sociaux traditionnels continuent quand même à s'appuyer sur des codes stricts et sur des principes moraux qu'ils considèrent comme immuables, la plupart du temps, au nom d'une religion. Cette remarque montre qu'il n'y a pas d'unanimité dans la société actuelle en ce qui concerne la morale ; le pluralisme des sociétés démocratiques s'exprime d'ailleurs par la cohabitation de morales multiples.

1.3.2. L'éthique

Le terme *éthique* vient du mot grec *ethos*, qui désigne les mœurs d'un groupe ou d'une *culture. Les deux termes, éthique et morale, possédaient à l'origine la même signification, c'est ce qui explique qu'ils soient souvent employés l'un pour l'autre. Ils se sont cependant progressivement différenciés. Le terme *éthique* a été réservé à la philosophie et à la théorie de l'action morale, alors que le terme *morale* a fini par désigner presque exclusivement des comportements et des codes de comportements.

À son niveau le plus théorique, l'éthique fondamentale relève de la philosophie et se préoccupe des principes et des concepts liés à ce champ de connaissances comme ceux de responsabilité, de justice ou de sollicitude. À partir de ces concepts et de principes organisés en théories éthiques, les philosophes déduisent des recommandations pour juger et agir. La démarche est donc essentiellement spéculative et vise à déterminer les bases ou les fondements de l'action. Il est ainsi considéré que chacun peut s'inspirer des principes de l'éthique fondamentale pour les mettre en œuvre dans son domaine, pour résoudre ses problèmes. L'éthique fondamentale n'a pas la visée de proposer des solutions pratiques : elle donne plutôt un cadre pour réfléchir aux actions humaines en posant des questions sur leur signification (pourquoi agir de telle façon ?), sur leurs finalités (dans quel but à long terme ?), sur leurs répercussions sur soi et sur autrui. Elle incite chaque personne à trouver sa réponse en réfléchissant, en étant créative et responsable. On dit aussi souvent que l'éthique concerne un certain art de vivre et même qu'elle le cultive. Ces remarques montrent que l'éthique peut viser autant la réflexion sur l'action que la préparation à l'action et même la réflexion sur l'action accomplie.

Tout comme la morale, l'éthique repose sur un ensemble de valeurs qui correspondent à une conception particulière de la personne. Un philosophe comme Paul Ricœur (2004) considère que l'éthique précède la morale et fonde théoriquement la morale pratique. L'élément essentiel de l'éthique comme de la morale, c'est la valeur de la personne. Il s'agit, grâce à l'éthique, de protéger son humanité, de défendre toute atteinte à sa dignité ou à son intégrité. Les enseignants sont particulièrement concernés par cette notion de valeur de la personne parce que leur rôle est essentiellement de favoriser le développement des jeunes, de les former, de les éduquer. Ils ont un grand pouvoir sur les élèves qui leur sont confiés et des responsabilités importantes envers eux. En réfléchissant à leur rôle pédagogique et social, ils peuvent préciser comment la valeur de la personne peut orienter leur pratique quotidienne. L'analyse et le questionnement à propos des conséquences sur les personnes de toute décision et de toute intervention permettent de développer la sensibilité éthique. Comme la morale, l'éthique vise des comportements humains responsables. Une orientation actuelle de l'éthique se nomme d'ailleurs éthique de la responsabilité (Jonas, 1990).

À la différence de la morale pratique, l'éthique est seulement incitative : elle propose des valeurs pour guider les actions. Autrement dit, l'éthique ne donne pas de solution toute faite à des problèmes moraux ou sociaux, mais elle aide à les comprendre dans leur complexité, à prendre des décisions et à trouver des réponses. Il existe ainsi une part d'incertitude dans l'éthique, ce qui peut rebuter certaines personnes ou, au contraire, en inciter d'autres à chercher des solutions nouvelles aux problèmes de notre temps. L'éthique ne prétend pas déterminer la solution à tout problème, elle vise plus modestement à répondre à la question suivante : quelle est la meilleure décision, quelle est celle qui respecterait au mieux toutes les personnes dans les circonstances ?

À un niveau plus pratique et réglementaire, l'éthique peut se concrétiser dans des codes d'éthique. Cette expression peut sembler un peu contradictoire, car l'éthique s'accommode mal d'une classification fixe contenue dans un code, ce qui relève plutôt de la morale traditionnelle. En effet, bien que l'éthique fonctionne à partir de principes généraux, elle est toujours particulière à la situation examinée. Cependant, afin de réduire l'angoisse devant certaines décisions à prendre et pour donner des outils aux décideurs, des codes d'éthique sont élaborés pour fixer une éthique *explicite, acceptée par les membres du groupe auquel elle s'adresse.

Par exemple, par une loi en 1991, le ministère de la Santé et des Services sociaux a imposé à tous les établissements de santé la création de codes et de comités d'éthique pour protéger les patients ou les clients, car lorsqu'ils se retrouvent dans ces établissements, ils sont dans des situations de dépendance ou de *vulnérabilité. Ces codes comprennent généralement les éléments suivants : la vocation ou la mission de l'établissement, les droits et responsabilités des usagers, leurs recours possibles en cas d'insatisfaction et les pratiques attendues des intervenants. Il s'agit là de documents qui peuvent soutenir les membres du personnel des établissements dans leur réflexion éthique et dans leur prise de décision responsable. De plus, ces documents permettent de clarifier les balises *institutionnelles pour tous.

Dans le domaine de l'enseignement, il en est autrement puisque les enseignants québécois ne disposent pas de code d'éthique, à la différence de leurs collègues d'autres provinces canadiennes.

Cependant, la présence d'un code d'éthique ne constitue pas une garantie absolue de progrès éthique. Un code peut n'être rédigé que pour suivre la loi ou la mode, pour montrer un souci des questions éthiques, mais ne jamais être vraiment utilisé. Il peut devenir un instrument de marketing pour faire vendre un produit ou un service et n'avoir que l'utilité d'une image publicitaire. Les codes d'éthique ne sont pertinents que s'ils suscitent la discussion et la réflexion, et qu'ils permettent le partage de valeurs communes et de responsabilités lors de situations difficiles. L'éthique n'est pas seulement une affaire de spécialistes : c'est l'affaire de tous les membres d'un groupe.

En somme, qu'on parle d'éthique fondamentale, d'éthique appliquée ou d'éthique professionnelle, l'éthique est toujours vue comme une forme de régulation sociale et elle prend actuellement le relais de la morale. Elle propose des valeurs et incite à des comportements respectueux des personnes. Elle correspond aux besoins des sociétés pluralistes et démocratiques centrées sur les droits individuels. L'éthique n'insiste pas sur le contrôle et la punition, elle est plus incitative que répressive. Elle vise le développement et la mise en œuvre du jugement afin de prendre des décisions éclairées et de passer à l'action. L'éthique moderne ne constitue pas un retour de la morale traditionnelle, elle consiste en une approche de la gestion des comportements humains plus adaptée aux sociétés d'aujourd'hui. Le tableau 2 montre ce qui distingue l'éthique fondamentale de l'éthique appliquée : le rapport au contexte de l'activité humaine ou du terrain.

Tableau 2
La distinction entre l'éthique fondamentale et l'éthique appliquée

Éthique fondamentale	**Éthique appliquée**
• Réflexion et recherche de sens indépendamment du contexte	• Analyse des actions humaines en divers contextes (l'éthique professionnelle porte sur le contexte de la pratique professionnelle)
• Application de principes pour résoudre des problèmes	• Recherche de la meilleure solution dans les circonstances
• Approche déductive	• Approche inductive

1.3.3. La déontologie

La déontologie est constituée, selon Parizeau (2004), de l'ensemble des normes qui indiquent les comportements ou attitudes que les professionnels doivent observer dans leur pratique. C'est une forme particulière de régulation sociale propre à une profession ou à un métier. La déontologie professionnelle constitue une réponse au besoin de clarifier une éthique commune et de s'en servir pour guider les interventions des membres de ce groupe professionnel.

À son niveau le plus théorique, la déontologie constitue un aspect de l'éthique professionnelle. Elle propose un idéal de pratique, une sorte de code d'honneur de la profession. Le respect de ce code d'honneur est censé participer au *professionnalisme des membres du groupe professionnel. On considère généralement que la présence d'une déontologie explicite donne une garantie de sérieux et amène une sorte de respectabilité au groupe qui s'en prévaut. Plus une déontologie est explicite et publique, plus elle bonifie l'image du métier ou de la profession à laquelle elle est liée. C'est pourquoi certains enseignantes et enseignants désirent se doter de principes ou même de codes de déontologie de l'enseignement.

À un niveau plus pratique, la déontologie définit les principes moraux qui guident l'activité professionnelle et un certain nombre de normes qui précisent des actions acceptables ou inacceptables pour l'exercice de la profession. Elle établit aussi les devoirs et responsabilités des membres du groupe professionnel. Prenons un cas bien connu, celui des médecins. La déontologie médicale est nécessaire en raison du pouvoir de vie ou de mort que détiennent les médecins sur les malades. Elle constitue un instrument de régulation de ce pouvoir et un outil de protection du malade. Depuis l'Antiquité, les nouveaux médecins prononcent le serment d'Hippocrate (voir l'Annexe 1, p. 192) qui marque leur entrée officielle dans la profession. Ce serment a une telle valeur symbolique qu'il a inspiré toutes les autres professions et de nombreux groupes sociaux dans la rédaction de leur propre code. Pour comprendre l'importance de ce serment, les éléments essentiels qui sont encore pertinents dans la société actuelle sont rapportés au tableau 3.

À un niveau plus pratique encore, la déontologie est inscrite dans un code de déontologie qui précise les actes permis et les actes répréhensibles parce que contraires à l'éthique du métier ou de la profession. Tout groupe social ou professionnel qui en ressent le besoin peut se doter d'un code de déontologie. Ainsi, l'Association des orthopédagogues du Québec a élaboré un code de déontologie qui a été adopté en assemblée générale en 2001, bien que les orthopédagogues ne fassent pas partie d'un ordre professionnel (voir l'Annexe 2, p. 202). La situation est différente quand un groupe est reconnu légalement

Tableau 3
Les éléments du serment d'Hippocrate au fondement de l'agir professionnel

- Le serment d'Hippocrate est un engagement personnel à suivre une éthique partagée par tous les médecins, jeunes et anciens;
- Le serment est prononcé devant les dieux et devant l'assemblée des *pairs. C'est un acte public et solennel;
- Le serment définit le rôle du médecin dans la Cité: le médecin procure soins et assistance aux malades. Par contre, il ne peut effectuer l'opération de la *taille (ablation de pierres sur les reins) – car cette intervention est réservée aux chirurgiens;
- Le serment précise les actions interdites aux médecins comme l'utilisation de poisons ou d'ovules abortifs, le fait d'avoir des relations sexuelles avec les malades ou les personnes de leur entourage, la divulgation d'informations ou de secrets qui leur sont confiés;
- Le respect de ce code entraîne la respectabilité et la reconnaissance des pairs alors que le fait de ne pas le respecter entraîne la honte et le déshonneur pour la personne et pour tous les membres de la profession;
- Ce code définit à la fois l'*identité professionnelle médicale, les devoirs et les responsabilités liés à cette fonction sociale. Par le rite de passage qu'est le moment où il prononce le serment d'Hippocrate, le médecin fait son entrée dans une profession et dans un groupe social dont il s'engage à partager l'éthique professionnelle.

comme une profession par l'Office des professions du Québec: il a alors l'obligation *légale de se doter d'un code de déontologie. Le tableau 4 rapporte les composantes obligatoires de tout code de déontologie d'une profession reconnue.

Tableau 4
Les composantes obligatoires d'un code de déontologie

- La définition du professionnel, de son client et du groupe auquel il appartient;
- Les devoirs et obligations du professionnel envers le public;
- Les devoirs et obligations du professionnel envers le client;
- Les devoirs et obligations du professionnel envers la profession.

À son niveau le plus concret, la déontologie représente un instrument de contrôle des comportements professionnels. Chaque ordre professionnel doit mettre en place des mécanismes de gestion du code de déontologie. Par exemple, le *comité de discipline est responsable du traitement des plaintes qui pourraient être déposées contre un membre. Ce comité de discipline fonctionne selon le modèle juridique:

il reçoit des plaintes, examine les preuves, évalue leur pertinence et prononce un verdict. Dans un cas de culpabilité, le comité de discipline attribue des sanctions dont la gradation de la sévérité correspond à l'importance de la faute commise par le professionnel : avertissement, amende, obligation de formation supplémentaire ou d'accompagnement dans l'exercice de certaines fonctions, suspension temporaire du droit de pratique ou *radiation.

Un code de déontologie joue certainement un rôle répressif qui peut faire peur et être perçu comme un contrôle professionnel exigeant. Pourtant, la portée des codes de déontologie est plus limitée qu'il n'y paraît de prime abord. Ces derniers ne sont efficaces que pour empêcher l'incompétence ou de graves manques d'éthique professionnelle, mais ils s'avèrent peu utiles pour inspirer une éthique des événements quotidiens de la vie professionnelle. Bien que les codes de déontologie puissent être dissuasifs, dans la mesure où ils précisent les comportements inacceptables pour les membres d'une profession, ils peuvent aussi tenir un rôle éducatif lorsqu'ils permettent d'établir les valeurs du groupe et de définir son identité professionnelle.

En fait, un code de déontologie constitue un mécanisme de contrôle interne de la profession. Il est rédigé par et pour un groupe professionnel. Chacun des membres du groupe concerné est censé connaître son code et s'engager à le respecter et à le faire respecter. C'est un texte qui énonce la *responsabilité professionnelle individuelle et collective.

Maintenant que nous avons apporté des clarifications aux termes de morale, d'éthique et de déontologie, le tableau 5 permet d'obtenir une vue globale des nuances dans les définitions et les propos sur les régulations sociales tenus dans ce chapitre. Ainsi qu'il a été mentionné, la religion peut aussi jouer un rôle de régulation sociale, c'est pourquoi nous avons aussi inclus des indications à son sujet dans ce tableau.

Quand on considère les diverses régulations sociales qui pourraient encadrer la pratique enseignante, force est de constater qu'elles sont le plus souvent perçues comme des règlements et des moyens de contrôle assortis de sanctions. C'est ne voir que l'aspect le plus sévère et le plus étroit de ces réalités. Il faut se souvenir que les régulations sociales ont pour but de promouvoir un certain idéal de vie personnelle, de vie professionnelle et de vie sociale, et que les règlements ne sont que des moyens assortis de contraintes. Ainsi, l'éthique professionnelle

Tableau 5
Les régulations sociales et leurs composantes

Niveau	**Religion**	**Morale**	**Éthique**	**Déontologie**
Théorique	Théologie	Philosophie morale	Éthique fondamentale ou métaéthique	Morale/Éthique professionnelle
	Foi en Dieu	Le Bien et le Mal	Dignité des personnes	Respect de la profession
	Idéal de vie selon la foi	Idéal de vie selon le Bien	Idéal de vie selon les valeurs	Idéal de pratique
	Principes religieux	Principes moraux	Principes éthiques	Professionnalisme
	Conscience religieuse	Conscience morale	Conscience éthique	Conscience professionnelle
Pratique	Vertus des croyants	Vertus morales	**Éthique appliquée**	Normes de pratique
	Devoirs et responsabilités	Devoirs et responsabilités	Valeurs en actes	Devoirs et responsabilités
Réglementaire	Lois religieuses	Lois morales	Comités d'éthique	Comités de déontologie, comités de discipline
	Coutumes et rites	Codes moraux	Codes d'éthique	Codes de déontologie
Disciplinaire	Péchés	Fautes	Manquements à l'éthique	Fautes professionnelles
	Châtiments	Punitions	Recommandations	Sanctions

comporte des instruments de contrôle comme les codes de déontologie, mais elle vise surtout un idéal professionnel de compétence et de responsabilité. Dans le cadre de l'enseignement, comme des autres professions, elle vise le développement du professionnalisme.

Nous avons vu comment le questionnement social relatif à l'éthique est important dans la société actuelle et comment l'éthique appliquée constitue un cadre pour réfléchir et prendre des décisions dans des situations particulières comme celle de l'enseignement. Il est temps maintenant de définir la notion de profession afin de dégager comment cela concourt à la définition d'une éthique professionnelle des enseignants.

1.4. La notion de profession

Pour comprendre une éthique professionnelle et vivre en accord avec ses orientations, il importe autant de clarifier l'éthique que la notion de profession. On peut penser qu'exercer une profession est une façon de gagner sa vie selon des caractéristiques et des façons de faire particulières. Mais il faut aussi savoir qu'une profession se distingue d'un métier, d'une technique, d'une vocation ou d'une occupation (Legault, 1999).

1.4.1. Un métier, une technique, une profession, une vocation, une occupation

Un *métier* se définit par la maîtrise de certaines techniques, par un apprentissage théorique, mais surtout pratique. Cet apprentissage se faisait autrefois avec un maître dans son atelier, par le compagnonnage. La relation qui existe entre le stagiaire en enseignement et son enseignante ou enseignant associé est parfois de même type que cette relation entre l'artisan et son apprenti. De plus, il arrive qu'on utilise le terme « métier d'enseignant » pour mettre en relief le savoir-faire important qui est à la base de la pratique enseignante.

Une *profession* comprend généralement la maîtrise de certaines techniques, mais ne s'y limite pas. Elle implique que le professionnel choisisse les techniques et les méthodes nécessaires à la réalisation de son intervention et qu'il puisse justifier leur emploi. Un ingénieur, par exemple, est un professionnel qui prend des décisions de façon autonome, en s'appuyant sur des connaissances théoriques et pratiques, afin de réaliser, le plus souvent avec un technicien, à l'aide des instruments ou des interventions qui lui semblent nécessaires, le projet dont il est responsable.

Le terme *vocation* vient du latin *vocare*, qui signifie « appeler ». Une vocation représente un engagement total d'une personne qui se sent appelée à agir ainsi parce qu'elle croit en cette action dans laquelle elle se dévoue corps et âme. On perçoit bien que ce terme est d'origine religieuse, bien que certaines personnes l'emploient actuellement pour exprimer leur passion pour une activité particulière de travail ou de loisir. Une vocation ne se monnaye pas ; elle ne considère ni la notion d'emploi ni les conditions de travail. Elle ne nécessite pas non plus de connaissances ou d'habiletés particulières, c'est la foi qui importe le plus ; les compétences peuvent s'acquérir sur le lieu de l'activité, avec d'autres personnes expérimentées. C'est ainsi que les religieuses et les religieux au Québec ont été longtemps dans l'éducation par vocation.

Une *occupation*, un passe-temps ou un loisir sont des activités libres effectuées en dehors du temps de travail et sur une base volontaire. Il peut arriver que des personnes développent de grandes habiletés et des savoirs théoriques dans le cadre de ces activités, mais ces compétences sont individuelles et non reconnues par un diplôme ou un groupe professionnel. Ainsi, un musicien amateur peut chanter dans une chorale, mais il ne deviendra professionnel que si ses capacités musicales sont suffisantes pour que le chant devienne pour lui une façon de gagner sa vie reconnue par la Guilde des musiciens, qui regroupe les musiciens professionnels. À la différence d'un amateur, un professionnel possède des compétences plus élevées et ses actions sont encadrées par des structures particulières et reconnues socialement.

Ces comparaisons nous permettent de mettre en évidence qu'une profession a une visée autre que la simple exécution de méthodes ou de techniques. Une profession est caractérisée par une fonction de décision plutôt qu'une fonction d'exécution, ce qui nécessite l'exercice du *jugement professionnel. Elle s'accompagne d'une certaine autonomie et d'une obligation de rendre compte de ses choix. Elle se démarque par le haut niveau de compétence des personnes qui l'exercent, lesquelles sont reconnues par des institutions sociales.

1.4.2. Les caractéristiques d'une profession

Une profession est une activité qui se définit par le fait que les personnes qui l'exercent possèdent certaines caractéristiques, comme la maîtrise de connaissances spécialisées, la capacité de faire preuve d'autonomie et de jugement professionnel, et l'établissement d'une relation de confiance avec les clients. C'est en raison de ces caractéristiques que les membres d'une profession peuvent demander à faire partie d'un ordre professionnel régi par le *Code des professions* du Québec (voir l'Annexe 3, p. 209). Nous allons maintenant analyser plus précisément les caractéristiques d'une profession de façon à définir la profession enseignante et à déterminer son éthique particulière.

Les connaissances spécialisées

La première caractéristique d'une profession est que son exercice est basé sur l'expertise. Le professionnel doit posséder des connaissances théoriques et pratiques spécialisées, obtenues lors d'études secondaires, collégiales ou universitaires effectuées dans une institution reconnue. Deux conséquences découlent de cette formation spécialisée. La première est que seule une personne ayant la même formation et les mêmes compétences, c'est-à-dire un pair, peut évaluer un autre professionnel. Seulement un architecte, par exemple, peut évaluer la compétence professionnelle d'un autre architecte. La seconde conséquence est que tout professionnel doit maintenir sa compétence théorique et pratique en effectuant régulièrement des mises à jour. La formation continue est une obligation pour tout professionnel dans une société où les connaissances évoluent très rapidement.

L'autonomie professionnelle et le jugement professionnel

La deuxième caractéristique d'une profession est qu'elle ne peut être exercée de façon technique et mécanique. Les situations auxquelles doivent faire face les professionnels sont complexes. Elles nécessitent le recours à un jugement professionnel et à une certaine autonomie pour prendre des décisions. Un professionnel a l'obligation d'utiliser tous les moyens disponibles pour intervenir ou résoudre un problème ; c'est une obligation de moyens. Il doit être capable de justifier ses choix professionnels devant ses collègues et devant le public. Par contre, il n'a pas d'obligation de résultats. Il se peut que les moyens ne fonctionnent pas dans un cas particulier. Par exemple, un traitement médical reconnu peut ne pas être efficace pour une personne particulière ; aucun médecin ne peut garantir une guérison.

La relation de confiance

La troisième caractéristique d'une profession est qu'elle repose sur une relation de confiance entre le professionnel et son client. Le modèle de référence traditionnel au Québec est celui des *professions libérales : médecins, avocats, notaires. La relation professionnelle peut être résumée ainsi : le client consulte un professionnel pour résoudre un problème. S'il s'agit d'un problème de santé, il consulte un médecin ou un autre professionnel de la santé. Si c'est un problème d'argent, il va consulter un comptable ou un notaire. Si c'est en raison d'un problème de droit, ce sera un avocat. Dans chaque cas, le client divulgue des informations personnelles à son propre sujet, sur sa santé, ses revenus, ses relations interpersonnelles, ses projets. On comprend alors pourquoi le secret professionnel revêt une importance capitale : ce qui se dit lors de la consultation doit rester confidentiel, ce qui est partagé par le client comme information ne sera ni divulgué à l'extérieur ni utilisé contre lui. Le client doit pouvoir avoir confiance en la réputation de la profession et en la compétence du professionnel pour le consulter. En l'absence de confiance réciproque, la relation entre le professionnel et le client ne peut porter fruit.

Les professionnels ont un rôle important dans la société pour les personnes et pour les institutions. Cette *reconnaissance sociale s'exprime par un *statut social particulier et souvent un salaire lié à ce statut. Anciennement, les membres des professions libérales étaient les notables de la société. Maintenant, les professions sont beaucoup plus diversifiées puisque l'on compte 45 ordres professionnels en 2012. Les professionnels bénéficient encore d'une bonne considération sociale. De plus, certains professionnels continuent à partager des signes symboliques d'appartenance à leur profession, comme la prononciation du serment d'Hippocrate par les médecins, le port d'un jonc par les ingénieurs ou celui d'une toge par les avocats.

1.4.3. La notion d'intervention professionnelle

Ce qui caractérise un professionnel, c'est le fait qu'il intervient dans la vie de son client pour changer quelque chose à cette vie, pour l'améliorer. Le concept d'intervention développé par Nélisse (1997) est essentiel pour comprendre l'éthique professionnelle. Par intervention, on entend une action qui a la capacité de faire la différence dans la vie d'autrui et qui est faite avec son accord. Ainsi, le médecin intervient en prescrivant un médicament ou un traitement pour améliorer la santé physique de son patient, le psychologue intervient en établissant une relation d'aide et en mettant en place un suivi psychothérapeutique pour améliorer la santé mentale de son client. Les incidences de l'intervention professionnelle se font sentir à court terme, mais aussi à moyen et à long terme dans la vie des personnes.

Intervenir signifie exercer un certain pouvoir sur autrui avec son accord et à la suite de sa demande. Le but de l'intervention est le développement des personnes, l'amélioration de leur qualité de vie, le bien commun dans la société et pas seulement les bénéfices financiers que le professionnel retire de son travail. Le professionnel est responsable de ses interventions. Il peut, par exemple, refuser d'intervenir s'il considère que son intervention n'est pas conforme aux objectifs de sa profession ; mais quand il intervient, il doit assumer les conséquences de son intervention. Plus le pouvoir d'intervenir est grand, plus la responsabilité professionnelle est grande (Legault, 1999).

La notion d'intervention est proche de celle de pouvoir, qui a bien mauvaise réputation dans la société actuelle. Quand un professionnel intervient, il exerce un certain pouvoir sur une personne ou un groupe et c'est justement pour limiter ce pouvoir, l'encadrer et l'orienter dans le sens du développement des personnes que l'éthique professionnelle existe. Il ne faut pas confondre le pouvoir d'intervenir avec l'abus de pouvoir, qui peut se manifester par des comportements inappropriés. Des exemples d'abus de pouvoir sont présentés au tableau 6.

Tableau 6
Quelques exemples d'abus de pouvoir

- Le mépris des personnes plus faibles, plus démunies, moins instruites ;
- L'endoctrinement ou l'abus de confiance : imposer ses idées ou ses convictions à une personne qui a besoin d'aide ;
- L'abus psychologique : utiliser la relation de confiance pour intimider ou dévaloriser ;
- L'abus sexuel : utiliser la relation de confiance pour obtenir des bénéfices sexuels ;
- L'abus physique : imposer le pouvoir par des coups et des sévices corporels.

Ces divers exemples d'abus de pouvoir montrent que la relation professionnelle est une relation qui comprend certains risques éthiques comme toute autre relation humaine et que la responsabilité de cette relation appartient d'abord au professionnel. Il est tenu à une certaine vigilance éthique en raison de son statut dominant dans cette relation.

1.4.4. Le caractère inégalitaire de la relation professionnelle

La relation professionnelle est une relation de confiance, mais elle est aussi une relation inégalitaire : les deux partenaires n'ont ni le même statut ni le même pouvoir.

Le professionnel est un expert : il détient un *savoir et des compétences que son client ne possède pas. C'est justement en raison de ce savoir qu'il peut proposer des solutions au problème présenté par le client et les mettre en œuvre. Le client, quant à lui, a besoin du professionnel, car il ne possède pas les compétences nécessaires pour résoudre son problème seul. Bien sûr, l'inégalité entre le professionnel et son client dépend de leurs rôles différents dans la relation professionnelle. Elle ne signifie pas qu'une personne a plus de valeur qu'une autre, mais elle exige que, dans la relation professionnelle, chacun ait droit au respect et à la considération de sa dignité. C'est le rôle de l'éthique de rappeler cette nécessité et de faire en sorte qu'elle soit respectée. C'est en reconnaissant son statut et son pouvoir que le professionnel peut gérer la relation de façon éthique et responsable, pas en les niant ou en faisant comme s'ils n'existaient pas. Il faut ajouter que le client n'est pas seulement démuni, il est aussi dépendant et vulnérable. Il dépend du professionnel pour améliorer sa situation soit par un bien, soit par un service. De son côté, le professionnel doit mobiliser toutes ses compétences pour aider le client. Plus le client est démuni, plus le professionnel a de l'influence et du pouvoir sur lui. Dans la société, certaines personnes sont plus vulnérables que d'autres à l'abus de pouvoir en raison de leur maladie ou handicap, de leur situation économique, de leur isolement, de leur statut précaire ou de leur âge.

■ QUESTIONS D'APPROFONDISSEMENT ET DE DISCUSSION

1. Dans la société en général et dans des contextes particuliers, on observe des situations bien souvent qualifiées de zones grises. Il peut s'agir de situations inédites, délicates, différentes où les manières de faire les choses, les réponses ou les comportements habituels ne peuvent s'appliquer. On en appelle alors à l'éthique ou à plus d'éthique. Qu'est-ce qui est recherché dans ces cas?

2. L'éthique professionnelle est considérée comme un mode de régulation de l'agir professionnel. Qu'est-ce qu'un mode de régulation de l'agir? Quels modes de régulation de l'agir existent dans notre contexte? Quelles sont leurs formes? Leurs forces? Leurs limites?

3. Qu'est-ce qui différencie la morale de l'éthique? Qu'est-ce qui est commun à ces deux domaines?

4. Qui aurait actuellement l'autorité morale pour déterminer les devoirs et les responsabilités du personnel enseignant? Pourquoi?

■ ATELIERS

ATELIER 1.
TRAVAIL EN ÉQUIPE : UN ÉVÉNEMENT QUI NOUS INTERPELLE SUR LE PLAN DE L'ÉTHIQUE

- **Première étape**

  Relevez individuellement un fait d'actualité rapporté par les médias qui a soulevé en vous de l'indignation ou de la colère et devant lequel vous vous êtes dit : « C'est inacceptable, c'est mal ou c'est indigne de l'être humain. » Notez la nature de l'événement, les personnes impliquées et les conséquences de cet événement sur celles-ci.

- **Deuxième étape**

  Faites un tour de table pour que chacun relate succinctement son événement. Écoutez sans juger la valeur des événements et sans comparer les sentiments de chacun.

- **Troisième étape**

  Discutez pour déterminer ensemble, parmi les faits d'actualité rapportés, lequel vous jugez le plus important. Après l'avoir établi par un consensus, répondez aux deux questions suivantes : Qu'est-ce qui aurait été acceptable dans cette circonstance ? Au nom de quoi peut-on le justifier ?

- **Quatrième étape**

  Retour en grand groupe : discussion sur les faits rapportés et les questions éthiques soulevées.

ATELIER 2.
TRAVAIL EN ÉQUIPE : LE SERMENT PROFESSIONNEL

Sachant que le serment d'Hippocrate tire son nom du premier médecin grec et que Socrate est considéré comme le modèle des philosophes et des pédagogues, que penseriez-vous d'un serment de Socrate pour les nouveaux membres du personnel enseignant ?

- **Première étape**

  Former des équipes de travail pour la rédaction du serment. Pensez aux éléments que pourrait comprendre ce code et élaborez-le en conséquence.

- **Deuxième étape**

  Retour en grand groupe sur les différentes versions proposées du serment de Socrate.

POUR ALLER PLUS LOIN

L'histoire de l'éthique au Québec :

Bourgeault, Guy, Rodrigue Bélanger et René Desrosiers (1997). *Vingt ans de recherche en éthique et de débats au Québec 1976-1996*, Montréal, Fidès.

Le rôle des éthiciens :

Weinstok, Daniel (2006). *Profession éthicien*, Montréal, Les Presses de l'Université de Montréal.

Une introduction aux théories éthiques :

Savater, Fernando (1998). *Éthique à l'usage de mon fils*, traduit de l'espagnol, Paris, Seuil.

L'éthique appliquée :

Lacroix, André (dir.) (2011). *Redéployer la raison pratique*, Montréal, Liber.

CHAPITRE

2

L'éthique professionnelle des enseignants

Intentions pédagogiques

Après avoir lu ce chapitre et discuté de son contenu, vous devriez être en mesure de :

- identifier les caractéristiques qui font des enseignants des professionnels et la raison d'être de leur éthique professionnelle ;
- percevoir le professionnalisme enseignant comme un idéal professionnel ;
- connaître les composantes de la compétence relative à l'éthique professionnelle du personnel enseignant ;
- préciser le rôle d'encadrement d'un ordre professionnel.

L'éthique professionnelle constitue l'un des domaines de l'éthique appliquée. Elle concerne bien sûr spécifiquement l'exercice des professions. Or les professions connaissent un développement dans le temps. C'est ainsi que la sociologie des professions étudie comment les professions se développent, luttent pour conquérir une part du marché occupé par d'autres professions et comment elles finissent par être reconnues dans la société pour leur apport spécifique. L'exemple des sages-femmes québécoises illustre bien cette situation. Après des décennies de clandestinité, de discussions et même de luttes avec les médecins qui pratiquent des accouchements, les sages-femmes ont pu organiser leur profession, avec une formation universitaire standardisée qui reconnaît leurs compétences, ainsi qu'un ordre professionnel qui balise leur pratique et qui est garant de la qualité de leur intervention. Elles travaillent maintenant en lien avec l'hôpital dans des équipes *interdisciplinaires. Cet exemple montre également que le domaine de la santé, qui autrefois ne relevait que d'une seule profession, celle de médecin, est maintenant subdivisé en de nombreuses spécialités médicales et professions paramédicales comme les infirmières, les pharmaciens, les optométristes, les dentistes. L'éthique professionnelle concerne cependant toutes les professions actuelles et futures.

L'éthique professionnelle s'est développée pour aider les professionnels à assumer leur responsabilité professionnelle de la façon la plus respectueuse des personnes et la plus proche des valeurs de leur profession. Bien qu'on entende peut-être plus souvent parler de l'éthique professionnelle médicale, tous les professionnels sont concernés par l'éthique quand, dans l'exercice de leurs fonctions, ils doivent faire des interventions qui touchent des personnes ou qui ont des répercussions sur celles-ci. Les enseignantes et enseignants sont donc aussi concernés par les questions éthiques : en tant que professionnels, ils ont des décisions à prendre qui entraînent des conséquences sur d'autres personnes, essentiellement les élèves.

L'éthique professionnelle enseignante est le propre des enseignantes et enseignants. Elle est spécifique à cette profession et possède ses caractéristiques particulières, de la même manière que l'éthique médicale ne concerne que les médecins. On peut considérer que l'éthique professionnelle d'un groupe est liée à son identité professionnelle, à la façon dont il se perçoit et se définit. Elle est aussi liée au rôle que la société reconnaît à chaque profession, de même qu'au statut social des professionnels. De plus, l'expérience et les recherches en éthique professionnelle montrent qu'il existe un renforcement mutuel de l'identité professionnelle et de l'éthique professionnelle. Plus les personnes sont conscientes de leur rôle, plus elles ont de la facilité à définir leurs valeurs professionnelles. À l'inverse, tout travail sur les valeurs professionnelles précise ou confirme une identité professionnelle (Larouche et Legault, 2003). Pensons à l'exemple des médecins dont la profession est aussi connue et reconnue que l'éthique médicale.

2.1. Les raisons d'être de l'éthique professionnelle des enseignants

Une forme particulière d'éthique professionnelle est spécifique au rôle des enseignantes et enseignants parmi les autres éducateurs, qu'ils soient parents, *ministres du culte, entraîneurs sportifs ou animateurs de loisirs. Il arrive que les enseignantes et enseignants prennent des décisions basées sur une certaine éthique professionnelle intuitive et personnelle. Mais ils ne la partagent pas nécessairement avec leurs collègues. Le travail de définition de l'éthique professionnelle enseignante a pour but de nommer et de préciser une éthique commune pour tous les membres du corps enseignant. Ils pourront ainsi la faire valoir et en témoigner ouvertement dans leurs interventions. Pour la préciser, nous allons reprendre les caractéristiques des professions présentées au premier chapitre et les mettre en relation avec le travail du personnel enseignant afin d'en dégager les conséquences au plan de l'éthique.

2.1.1. Les connaissances spécialisées à la base de l'agir en enseignement

Les enseignantes et enseignants sont des professionnels de l'apprentissage et de l'enseignement. Leurs connaissances spécialisées sont acquises au cours d'une formation initiale universitaire. Elles sont sanctionnées par un diplôme qui leur donne la qualification légale pour enseigner. Ces connaissances permettent aux enseignants de prendre la parole et d'agir en tant que spécialistes et non pas simplement en tant qu'adultes. Cela est important en tout temps dans la pratique et en particulier quand ils doivent rendre des comptes.

La formation des enseignantes et enseignants est à la fois théorique et pratique. Leurs stages les amènent à développer leurs compétences professionnelles, c'est-à-dire à utiliser leurs connaissances en contexte et dans l'action. Ce n'est qu'à la suite de la réussite de ces stages que le diplôme leur est attribué, marquant ainsi leur caractère de praticiens.

Au point de vue éthique, les enseignants sont tenus de maintenir leurs compétences professionnelles et de les développer tout au long de leur carrière. L'incompétence est considérée comme un manque d'éthique professionnelle dans la mesure où la personne incompétente ne peut pas rendre le service prévu par la profession, par exemple préparer des activités ou aider les élèves à apprendre et à se développer dans l'école.

2.1.2. L'autonomie et la créativité du personnel enseignant

Les enseignantes et enseignants utilisent systématiquement leur jugement professionnel pour prendre des décisions par rapport à l'adaptation de leurs actions aux classes *hétérogènes qui sont les leurs, pour établir des diagnostics par rapport à la façon d'intervenir auprès des élèves, pour trouver et mettre en œuvre des stratégies pédagogiques adaptées aux cas particuliers et aux différents groupes. Le recours à des manières uniformes d'enseigner est de moins en moins encouragé. Non seulement les enseignants doivent-ils être souples et créatifs, mais ils doivent aussi pouvoir expliquer leurs interventions aux élèves, aux collègues et aux parents. Leur autonomie professionnelle est essentielle pour effectuer tous les choix pédagogiques et les rendre opérationnels.

Au point de vue éthique, les enseignants ont l'obligation de moyens, non celle de résultats. Ils ont aussi l'obligation d'expliquer leurs choix professionnels. Cela suppose qu'ils aient développé la capacité à analyser leur pratique, ce qui va bien et ce qui peut être amélioré. La capacité à autoréguler l'agir professionnel par la réflexion sur la pratique est considérée essentielle en éthique professionnelle. On attend des enseignants qu'ils justifient leurs interventions par des raisons plus solides que des arguments relatifs à l'habitude (« On a toujours fait ça »), à la mode (« Tout le monde le fait »), au plaisir (« Les élèves aiment ça ») ou à la facilité (« Ça va plus vite »). Au point de vue de l'éthique professionnelle, la seule raison acceptable pour justifier une intervention est celle qui va dans le sens de l'aide apportée à l'apprentissage et au développement de l'élève.

2.1.3. La relation de confiance dans l'enseignement

Les enseignantes et enseignants doivent établir une relation de confiance avec les élèves. Celle-ci est d'ailleurs au cœur de la profession enseignante. Pour que les apprentissages puissent avoir lieu, il faut que chaque élève ait confiance en son enseignant et, dans une certaine mesure, en l'école. Le rôle du personnel enseignant est d'établir et de maintenir la confiance dans cette relation pour favoriser le développement de l'élève. Dans cette relation interpersonnelle, des informations personnelles sont parfois échangées, parfois aussi des confidences. Ces confidences sont d'autant plus spontanées que la relation est étroite et que les élèves sont jeunes.

Si le secret professionnel n'existe pas pour les enseignants, ils sont néanmoins tenus à une réserve et à une certaine discrétion relativement aux informations privilégiées qu'ils possèdent sur leurs élèves. Le partage d'informations sur un élève ne peut se faire que lors d'une étude de cas entre collègues ou avec d'autres professionnels, dans un lieu protégé et lors d'une analyse centrée sur l'intervention. De plus, les dossiers contenant des données personnelles des élèves doivent être conservés en lieu sûr et ne peuvent être consultés que sur demande.

Les membres du corps enseignant doivent aussi développer cette relation de confiance avec les autres éducateurs de l'école avec lesquels ils sont appelés à collaborer dans des projets pédagogiques, dans des évaluations de fin de cycle ou encore dans la mission de l'éducation scolaire. Ils doivent l'étendre également aux parents, avec lesquels ils travaillent au développement de leurs jeunes, car elle a des effets sur la réussite scolaire. La relation de confiance doit être maintenue d'abord en manifestant des compétences professionnelles et ensuite en ne minant pas la confiance par le mensonge, la désinformation ou la négligence. Le pédagogue Philippe Meirieu (2011) rappelle à ce sujet que «l'éducation est un lieu de la parole tenue». Les valeurs professionnelles de respect et de responsabilité protègent la relation de confiance.

2.1.4. L'intervention enseignante et ses conséquences éthiques

Les enseignantes et enseignants interviennent dans le développement des élèves, car ils les aident à apprendre et à grandir. On désigne parfois les incidences du travail du personnel enseignant sur les élèves par l'expression «l'effet enseignant» (*Vie pédagogique*, 1998). Les enseignants ont non seulement l'obligation d'intervenir, mais celle de le faire avec tous les élèves, sans aucune distinction ni *discrimination. Cela peut leur poser problème quand des élèves ont des besoins très particuliers en raison, par exemple, d'un handicap ou d'un trouble du comportement. Ils doivent alors trouver les meilleures façons d'intervenir pour les cas particuliers. L'intervention professionnelle du personnel enseignant constitue une forme d'exercice de pouvoir qu'il leur est parfois difficile d'admettre dans une société où la démocratie rappelle que nous sommes tous égaux en droits. Pourtant, les enseignantes et enseignants interviennent constamment dans l'apprentissage et le développement des élèves, c'est leur rôle et même leur devoir professionnel.

Au point de vue éthique, ce qui compte, c'est le caractère respectueux des interventions et le fait de maintenir le cap sur l'objectif éducatif, qui est d'aider les élèves à apprendre et à se développer. La non-intervention est considérée comme une forme de négligence professionnelle et le refus d'intervenir, comme une faute selon la *Loi sur l'instruction publique*. Autrement dit, les enseignantes et enseignants doivent intervenir et c'est la qualité de leur intervention et de son orientation éducative qui compte.

2.1.5. La relation professionnelle enseignante et son éthique spécifique

Les enseignantes et enseignants sont en relation professionnelle avec leurs élèves, leurs collègues, les autres membres du personnel, la direction de l'école et les parents. Cette relation n'exclut pas les sentiments d'amitié et même l'affection, mais elle ne peut s'y limiter : un enseignant n'est pas simplement un ami. Dans cette relation professionnelle, le rôle du personnel enseignant est de travailler au développement de chaque élève dans le contexte de la classe et de l'école.

Les élèves sont dans une relation de dépendance par rapport à l'enseignant : ils ont besoin de lui pour apprendre, pour être guidés, pour être évalués, pour passer dans la classe suivante et ils le savent. Ils sont vulnérables au jugement et aux évaluations des enseignantes et enseignants puisque leur estime de soi, leur réussite scolaire et une partie de leur intégration sociale dépendent d'eux. Devant le savoir spécialisé et le statut professionnel du personnel enseignant, les élèves sont en position d'inégalité et de dépendance car, bien qu'ils possèdent certaines connaissances, ils ont besoin du personnel enseignant pour en acquérir d'autres, pour les organiser, pour les comprendre et les intégrer. Ils dépendent aussi des adultes qui les entourent pour vivre et apprendre à vivre.

Les parents sont également dans une relation de dépendance par rapport au personnel enseignant en raison des connaissances spécialisées de celui-ci et du pouvoir qu'il a sur leur enfant. Quand ils sont convoqués eux-mêmes par un collègue pour parler d'un élève qui est en fait leur propre enfant, les enseignantes et enseignants ont alors l'occasion de ressentir à quel point les parents peuvent se sentir vulnérables vis-à-vis des décisions prises à l'école à l'égard de leur enfant.

L'éthique professionnelle implique de rappeler constamment l'existence de la relation professionnelle et de ne pas la laisser devenir une relation amicale, amoureuse ou sexuelle. Cela est particulièrement important à l'adolescence quand les jeunes testent leur pouvoir de séduction auprès des adultes. La responsabilité de cette relation se trouve entre les mains du personnel enseignant, quels que soient les comportements des jeunes. Il faut rappeler ici que les jugements de la Cour suprême indiquent nettement que les enseignants restent des enseignants même en dehors de l'école, qu'ils doivent avoir un comportement exemplaire et que la relation avec les élèves doit toujours rester une relation professionnelle (Jeffrey, 2009).

Les enseignantes et enseignants s'attendent à une certaine reconnaissance sociale quant à leur rôle dans le développement des jeunes. Certains d'entre eux pensent que l'appartenance à un ordre professionnel favoriserait cette reconnaissance sociale ; d'autres croient plutôt que cette reconnaissance passe par de meilleures conditions de travail et un salaire plus élevé. Le Conseil supérieur de l'éducation (2004), dans son avis sur la profession enseignante, relève que la population a généralement confiance en la compétence de ses enseignants, mais que les enseignants eux-mêmes ne semblent pas ressentir cette confiance. Une des façons de valoriser la profession enseignante est de préciser son identité et ses rôles, ainsi que de mettre au jour une éthique professionnelle explicite, partagée et publique. Plus les enseignantes et enseignants seront conscients de leurs rôles auprès des jeunes et dans la société, plus ils seront en mesure de les assumer de façon respectueuse et responsable. L'éthique professionnelle enseignante fait plus que nommer des valeurs nécessaires dans les interventions professionnelles, elle rappelle que l'éducation en soi possède une valeur et que les enseignants sont des personnes essentielles dans la vie des jeunes et dans la société.

2.2. La responsabilité éducative des enseignants

L'éthique professionnelle enseignante est particulièrement exigeante à cause du rôle de formation que jouent les enseignantes et enseignants. On attend d'eux qu'ils soient des adultes significatifs pour les jeunes et qu'ils favorisent leur socialisation. C'est la raison pour laquelle l'éthique professionnelle peut aller, à notre avis, jusqu'à recommander certains comportements et juger que certains autres constituent des manquements à l'éthique. Ainsi, la violence est considérée comme inacceptable en classe, qu'elle soit le fait des élèves ou de l'enseignante ou de l'enseignant, et c'est au personnel enseignant de tout faire pour qu'elle ne se produise pas. D'habitude, c'est la morale ou la déontologie qui joue ce rôle prescriptif, mais en l'absence actuelle d'une morale ou d'une éthique enseignante explicite et d'un code officiel de déontologie, il importe de préciser dans chaque classe des éléments relatifs aux normes de comportement.

Les enseignantes et enseignants ont un rôle particulier à jouer dans la société : celui d'éduquer les jeunes, et c'est en raison de ce rôle spécifique que l'éthique les concerne de façon particulière. Le mandat confié par la société au personnel enseignant est à la fois très ample et très important : il concerne la formation des citoyennes et citoyens de demain. C'est ce que rappellent sans cesse les textes officiels du ministère de l'Éducation, du Loisir et du Sport ou d'autres organismes éducatifs. Par exemple, l'avis de 2004 du Conseil supérieur de l'éducation sur la profession enseignante met en relief que l'éducation est un *service public et un *bien public.

Les enseignantes et enseignants sont concernés par l'éthique en raison du rôle essentiel qu'ils assument auprès des jeunes et des responsabilités qui en découlent. Certes, ils ne sont pas les seuls dans la société à permettre l'accès à l'information aux jeunes ; les divers médias jouent un rôle important à cet égard. Et ils ne sont pas non plus les seuls éducateurs puisqu'ils partagent cette fonction avec d'autres professionnels et avec les parents. Mais, en tant qu'acteurs sociaux, ils ont un rôle particulier à assumer et c'est la reconnaissance de l'importance de ce rôle qui amène à considérer qu'ils sont « éthiquement interpellés » (Gohier, 1997).

2.3. La professionnalisation de l'enseignement

À ces considérations éducatives générales, il faut ajouter le mouvement de professionnalisation de l'enseignement qui s'est développé depuis quelques décennies. Il est passé de la professionnalisation de l'acte d'enseigner à la professionnalisation de la fonction enseignante, pour se concrétiser maintenant dans la définition de l'enseignant comme professionnel. Or, les professionnels se définissent par leurs compétences de spécialistes autant que par leur éthique professionnelle explicite.

La professionnalisation amène à la fois une meilleure reconnaissance de la fonction enseignante et de plus grandes exigences envers les enseignantes et enseignants. En devenant des professionnels, les enseignants gagnent en autonomie et en considération sociale, mais ils sont également soumis – comme les autres professionnels – à une demande de *reddition de comptes et à des exigences éthiques plus explicites.

Les préoccupations relatives à l'éthique professionnelle sont indissociables de la professionnalisation, aussi bien au Québec qu'en France et aux États-Unis. On demande aux enseignants d'être de plus en plus des professionnels responsables et de développer des compétences professionnelles qui sont clairement définies dans les référentiels de formation initiale et continue. La compétence éthique fait partie de ces compétences professionnelles dont l'acquisition, le développement, le maintien au cours de la carrière et l'évaluation sont désormais obligatoires. De plus, c'est en 2001 que pour la première fois les autorités éducatives québécoises ont rendues explicites, officielles et obligatoires des recommandations visant l'éthique professionnelle enseignante, et ce fait mérite d'être souligné.

Pour autant il ne faudrait pas croire que la préoccupation relative à l'éthique professionnelle est une réalité nouvelle dans le monde de l'enseignement. La Corporation des enseignants du Québec, par exemple, a élaboré un code d'éthique pour ses membres en 1968, mais celui-ci est tombé en désuétude en 1974 lorsque la corporation s'est transformée en centrale syndicale. De plus, plusieurs codes d'éthique avaient été préalablement rédigés par des associations enseignantes entre 1960 et 1964, notamment par la Corporation des instituteurs et institutrices catholiques du Québec (voir l'Annexe 4, p. 211). Et, plus anciennement encore, dans les communautés religieuses enseignantes, on disait avoir charge d'âmes, c'est-à-dire non seulement la responsabilité d'instruire, mais aussi celle d'éduquer des chrétiens et des chrétiennes. On voit par cet exemple la grande transformation de l'enseignement au cours des cinquante dernières années: le passage d'une vocation à une profession.

2.4. La compétence professionnelle relative à l'éthique

Le mouvement de professionnalisation de l'enseignement est inséparable des réformes de l'éducation les années 2000. Au Québec, cette transformation majeure poursuit un double objectif: améliorer la qualité de l'apprentissage des élèves, envisagé comme le développement de compétences, et améliorer la qualité de l'enseignement par le développement et la consolidation des compétences professionnelles du personnel enseignant. Dans le premier cas, les programmes d'enseignement du préscolaire, du primaire et du secondaire ont été modifiés et structurés selon une approche par compétences disciplinaires et transversales. Dans le second cas, la formation à l'enseignement a été revue et redéfinie afin de qualifier davantage les compétences professionnelles nécessaires à l'exercice de la profession.

Dans le référentiel des compétences du document ministériel (Gouvernement du Québec, 2001a) servant de guide à la formation du personnel enseignant, on trouve une compétence consacrée à l'éthique, la compétence 12 (voir l'Annexe 5, p. 214). Son acquisition devrait permettre à chaque enseignante ou enseignant d'« agir de façon éthique et responsable dans l'exercice de ses fonctions ». Deux éléments importants sont à considérer dans cet énoncé général. Le premier est que la formation des maîtres doit les amener à agir d'une certaine façon : d'une façon éthique. L'éthique n'est alors pas seulement un domaine théorique : c'est une façon d'agir et de vivre. Le second est que l'éthique est inséparable de la responsabilité. Toute une partie de l'éthique s'est, en effet, développée depuis quelques années autour de la notion de responsabilité. Ainsi, les enseignantes et enseignants sont incités à agir de façon responsable, c'est-à-dire de manière à pouvoir répondre de leurs actes, tout d'abord devant eux-mêmes, en leur âme et conscience, et ensuite devant autrui. Cette capacité de répondre de leurs actes est liée à l'autonomie dont ils jouissent en tant que professionnels. Selon le référentiel de formation à l'enseignement, un enseignant compétent au plan éthique fait preuve tout au long de sa vie professionnelle de plusieurs habiletés spécifiques, qu'on trouve au tableau 7.

Les éléments de cette liste dessinent les contours d'une éthique professionnelle de l'enseignement qui reste encore à définir et à préciser, et qui relève d'approches éthiques assez diverses et même de domaines voisins de l'éthique comme l'éducation morale (élément n° 7) et l'éducation à la citoyenneté (élément n° 2). Bien que l'objectif général de la formation relève d'une éthique de la responsabilité, l'éthique de la discussion (élément n° 2) et l'éthique de la justice (élément n° 6) sont également utilisées pour le fonctionnement en classe. La capacité de discerner des valeurs (élément n° 1), celle d'intervenir (élément n° 3) et celle d'argumenter (élément n° 4), par contre, relèvent clairement de l'éthique professionnelle ; elles sont directement liées à l'autonomie accordée par la réforme au personnel enseignant.

Les différentes composantes de cette compétence professionnelle seront approfondies dans les chapitres subséquents. Ainsi, les valeurs de l'enseignante ou de l'enseignant et les *conflits de valeurs qui peuvent

Tableau 7
Les composantes de la compétence éthique du personnel enseignant selon le MEQ (Gouvernement du Québec, 2001a)

1. Discerner les valeurs en jeu dans ses interventions ;
2. Mettre en place dans sa classe un fonctionnement démocratique ;
3. Fournir aux élèves l'attention et l'accompagnement appropriés ;
4. Justifier, auprès des publics intéressés, ses décisions relativement à l'apprentissage et à l'éducation des élèves ;
5. Respecter les aspects confidentiels de sa profession ;
6. Éviter toute forme de discrimination à l'égard des élèves, des parents et des collègues ;
7. Situer à travers les grands courants de pensée les problèmes moraux qui se déroulent dans sa classe ;
8. Utiliser, de manière judicieuse, le cadre légal et réglementaire régissant sa profession.

survenir en classe seront analysés dans le cinquième chapitre consacré aux valeurs. Le huitième chapitre ayant trait à la *relation pédagogique portera entre autres sur le fonctionnement démocratique, le soutien aux élèves et les formes possibles de discrimination. Le troisième chapitre, consacré aux éléments légaux, permettra, d'une part, d'examiner l'obligation de confidentialité, différente du secret professionnel, et, d'autre part, de tenir compte de lois et règlements dans l'exercice du jugement professionnel. Le quatrième chapitre traitera de l'ensemble de ces éléments dans le contexte des finalités éducatives.

Au-delà de la réponse à une obligation, il est aussi à noter que l'éthique fait partie de l'identité professionnelle enseignante. C'est souvent pour des raisons éthiques comme l'amour des enfants, le désir de les aider, de s'impliquer pour changer la société qu'on choisit de devenir enseignante ou enseignant, et c'est aussi par considération pour un certain idéal professionnel que le personnel enseignant se professionnalise et développe ses compétences.

2.5. La demande éthique et le questionnement par rapport à un ordre professionnel des enseignants

L'éthique professionnelle est souvent envisagée sous l'angle de la déontologie professionnelle et de l'appartenance à un ordre professionnel. Il faut pourtant savoir qu'une profession qui n'est pas encadrée par un ordre professionnel peut parfaitement développer des principes éthiques ou se doter d'un code de déontologie et inciter ses membres à le respecter. C'est ce qu'a fait l'Association des orthopédagogues du Québec (voir l'Annexe 2, p. 194). Dans le contexte de la professionnalisation, la question s'est posée quant à la nécessité de doter les enseignants d'un code d'éthique. Dans son texte sur l'éthique enseignante, le Comité d'orientation de la formation du personnel enseignant (Gouvernement du Québec, 2004) a décidé de ne pas recommander la création d'un code d'éthique pour l'enseignement. Il a plutôt choisi d'appuyer les visées et les principes éthiques déjà énoncés par le ministère de l'Éducation (Gouvernement du Québec, 2001a) dans son référentiel pour guider la formation initiale et continue du personnel enseignant en ce qui concerne l'éthique professionnelle. Ceux-ci, comme on l'a vu plus tôt, sont pris en considération tout au long de ce livre.

Pour un certain nombre d'acteurs du monde de l'éducation, le mouvement de professionnalisation de l'enseignement doit logiquement aboutir à la création d'un ordre professionnel des enseignantes et des enseignants. Parmi les raisons invoquées en faveur de cet éventuel ordre professionnel, il faut remarquer les raisons éthiques. À cet égard, les parents apparaissent comme les grands demandeurs d'un ordre professionnel des enseignants afin de protéger leurs enfants contre d'éventuels manques à l'éthique professionnelle ou encore contre des manifestations d'incompétence de la part des enseignants (Fédération des comités de parents de la province de Québec, 1999). La création d'un ordre professionnel qui est, par la loi, obligatoirement accompagné d'un code de déontologie et d'un comité de discipline pour le faire respecter, est rassurante pour certaines personnes, dont les parents. Autrement dit, l'ordre professionnel est souvent perçu comme une instance qui offre une garantie d'éthique professionnelle assumée par ses membres parce que la profession est contrôlée par un organisme reconnu.

Il est important de savoir que l'Office des professions du Québec a été saisi d'une demande de création d'un ordre professionnel des enseignants, demande qu'il a refusée pour deux raisons principales. La première est que les enseignants travaillent avec des groupes d'élèves et non en relation individuelle dans le cadre étroit d'un bureau soustrait au regard d'autrui et la seconde est que la profession enseignante est déjà suffisamment encadrée. Un ordre professionnel constituerait une régulation sociale supplémentaire qui ne lui semble pas nécessaire (Office des professions du Québec, 2002).

Cependant, un ordre professionnel, quand il existe, joue un rôle précis en ce qui concerne l'éthique professionnelle de ses membres. La loi l'oblige à assumer les fonctions qui sont indiquées au tableau 8.

Tableau 8
Les fonctions d'un ordre professionnel

- Expliciter les valeurs et les obligations professionnelles dans un code de déontologie ;
- Diffuser ce code et inciter ses membres à le respecter ;
- Travailler en collaboration avec les institutions de formation initiale afin qu'elles offrent aux futurs professionnels une formation en éthique et déontologie ;
- Offrir à ses membres des sessions de formation continue sur l'éthique et la déontologie et sur la mise à jour des connaissances du domaine d'intervention ;
- Évaluer le respect du code par ses membres en cas de plainte de clients ;
- Sanctionner tout membre qui aurait commis une faute éthique, porté atteinte à la réputation de la profession ou nui au public.

La demande d'éthique qui vise les enseignantes et enseignants est une demande sociale à laquelle ils doivent répondre en tant que professionnels. L'objectif de ce livre est de contribuer à les aider à comprendre cette demande et à y répondre individuellement et collectivement. Dans le prochain chapitre, nous verrons comment le travail des enseignants est soumis à un encadrement légal et réglementaire qui a des conséquences importantes sur leurs comportements et leur éthique professionnelle.

■ QUESTIONS D'APPROFONDISSEMENT ET DE DISCUSSION

1. On met souvent en relation l'éthique professionnelle et la responsabilité professionnelle. Dégagez les éléments spécifiques à chacun de ces concepts et montrez les liens qui existent entre ceux-ci.

2. On dit de l'enseignant qu'il est non seulement un professionnel de l'intervention éducative mais aussi un adulte responsable. Quels comportements à l'école et en dehors de l'école peuvent manifester cela ?

3. Au nom de quoi les instituteurs catholiques ont-ils élaboré dans les années 1960 leur Code d'éthique, qui se trouve à l'Annexe 4? Quel est leur référent? Explicitez les arguments qui vous permettent d'arriver à cette conclusion.

4. À votre avis, quels pourraient être les devoirs et les responsabilités morales de l'enseignante ou de l'enseignant?

   Après avoir répondu à cette question, comparez votre réponse à l'article 22 de la *Loi sur l'instruction publique*, qui présente une réponse légale à cette question à la section 3.3 du troisième chapitre. Quels sont les points communs entre votre perception spontanée et les devoirs et responsabilités du personnel enseignant inscrits dans la loi ?

5. Parmi les huit éléments mentionnés comme composantes de la compétence éthique du personnel enseignant au tableau 7, lequel vous semble le plus important? Pour quelles raisons ?

■ ATELIERS

ATELIER 1.
TRAVAIL EN ÉQUIPE : L'ÉTHIQUE PROFESSIONNELLE EN MILIEU SCOLAIRE

Une des façons de comprendre une notion nouvelle est de partir de son contraire. On appelle cette démarche une définition *a contrario*. Dans le cadre d'un colloque sur les stages où une réflexion sur l'éthique professionnelle enseignante avec des stagiaires avait lieu pour la première fois, nous avons demandé aux participantes et participants d'identifier des comportements rencontrés pendant leurs stages qui ne leur semblaient pas éthiques (Desaulniers, 2002b). Ils ont proposé les comportements qui suivent. Discutez-en ensemble.

Pourquoi ces différentes façons d'agir traduisent-elles un manque d'éthique professionnelle ? Quel est le manque d'éthique qui vous semble le plus grave ? Pour chacune de ces situations, mentionnez quel idéal éthique serait souhaitable ou à valoriser.

Quelques manques d'éthique rencontrés lors des stages
(Desaulniers, 2002b)

1.1. Incompétence ou tâche non assumée

Dans cette catégorie se trouvent des situations où les personnes ne jouent pas leur rôle professionnel attendu, que ce soit en raison d'incapacités personnelles ou en raison d'une implication insuffisante. Les personnes qui devraient recevoir les services professionnels requis sont donc lésées dans cette situation où elles ne reçoivent pas leur dû.

1.2. Laxisme ou tâche mollement assumée

Ici se retrouve une forme nuancée de la situation précédente. Le rôle professionnel est assuré minimalement, de façon à rencontrer sa description la plus restreinte. Une lecture purement technique d'une loi ou d'un règlement peut parfois s'accommoder de cette situation, mais pas une réflexion éthique sur les responsabilités liées à l'éducation.

1.3. *Indiscrétion ou communication indue à un tiers d'une information privilégiée*

La communication, le plus souvent orale, de renseignements personnels ou professionnels indus relatifs à une personne entre dans cette catégorie. Il faut cependant exclure les renseignements nécessaires pour effectuer une tâche d'évaluation, par exemple. Cette information privilégiée influence le jugement qu'on portera ensuite sur cette personne ; il peut lui nuire ou l'avantager injustement par rapport à d'autres personnes.

1.4. *Diffamation ou communication d'une information fausse altérant la réputation d'une personne*

Si la communication d'une information peut parfois être justifiée, l'utilisation du mensonge ne peut jamais l'être, d'autant plus que ce dernier est rarement employé pour mettre en valeur une personne. La diffamation atteint non seulement une personne ciblée, mais encore la réputation de ses collègues et de toute sa profession. Pour cette raison d'atteinte à la réputation, une telle indélicatesse est fortement pénalisée dans les codes de déontologie.

1.5. *Malhonnêteté ou appropriation de documents appartenant à autrui ou attribution à soi-même d'un travail effectué par autrui*

Ces deux cas représentent des atteintes à la propriété intellectuelle. Ils ne sont possibles que dans des milieux où le transfert des connaissances fait partie intégrante de la tâche professionnelle, ce qui est le cas de la recherche et de l'enseignement. À la suite de ces situations, une personne risque d'être surévaluée et de se trouver qualifiée pour une tâche qu'elle est incapable d'accomplir, ce qui la ramène à la première situation liée à l'incompétence.

1.6. *Demande excessive à une personne subalterne*

Une telle demande doit aller au-delà de ce qui est exigé pour accomplir sa tâche professionnelle. Elle constitue un abus de pouvoir de la part d'une personne en position de supériorité hiérarchique. Notons que cette demande peut prendre diverses formes : travail supplémentaire hors de proportion avec les exigences de l'évaluation, horaires prolongés, services personnels, aide à d'autres personnes, obligation d'effectuer des tâches qui sont hors de sa compétence.

1.7. *Manque de respect d'une fonction, d'une personne, d'une institution*

Ce manque de respect peut être personnel ou institutionnel. Il manifeste un refus de reconnaître la compétence d'une personne, mais surtout le pouvoir que cette personne détient par sa fonction au sein d'une institution comme l'école ou l'université. C'est une forme de mépris qui empêche toute relation de confiance et paralyse toute intervention éducative.

1.8. *Violence ou dureté excessive d'une sanction*

Ce dernier cas concerne exclusivement les élèves. Pourtant, il pourrait théoriquement s'appliquer à toute personne en autorité, autorisée à évaluer des compétences ou des comportements. L'intensité justifiée d'une sanction est difficile à évaluer. Cependant, certains critères reconnus en éducation permettent de porter un jugement sur la nécessité et la sévérité d'une sanction : relation significative avec la faute ou l'erreur, adaptation à l'âge et à la maturité des personnes, adaptation à la gravité de la faute, application équitable à tous, communication préalable des consignes et des conséquences de non-observation, présence d'avertissement et absence de violence physique.

ATELIER 2.
TRAVAIL EN ÉQUIPE : UN PROJET DE CODE DE DÉONTOLOGIE POUR LES ENSEIGNANTES ET ENSEIGNANTS

► **Première étape**

Exécuter individuellement la tâche suivante : en vous référant à ce que doit comprendre la première partie de tout code de déontologie, indiquez qui est le client et qui est le public des enseignantes et enseignants. Justifiez votre réponse.

► **Deuxième étape**

Mettre en commun les réponses individuelles et établir un consensus de classe à ce sujet.

► **Troisième étape**

Après le consensus de classe, répartir les étudiantes et étudiants en groupes de travail qui aborderont trois thématiques différentes où ils auront une partie du code à travailler et à rédiger.

- Dans le premier sous-groupe, rédiger la liste des devoirs et obligations du personnel enseignant envers le public ;

- Dans le deuxième sous-groupe, rédiger la liste des devoirs et obligations du personnel enseignant envers le client ;
- Dans le troisième sous-groupe, rédiger la liste des devoirs et obligations du personnel enseignant envers la profession.

► **Quatrième étape**

Mettre en commun les réponses des différents groupes de travail de façon à constituer un projet de code de déontologie pour les enseignantes et enseignants.

► **Cinquième étape**

Après avoir rédigé le projet de code de déontologie, faire un retour collectif sur le texte.

POUR ALLER PLUS LOIN

L'intérêt d'un code de déontologie pour les enseignants:

Prairat, Eirick (2009). *De la déontologie enseignante*, Paris, Presses universitaires de France.

Des exemples de contenu possible de codes d'éthique pour les enseignants:

Association des enseignantes et des enseignants franco-ontariens, <http://www.aefo.on.ca//fondements/deontologie.aspx?SID=D95A2002-86AF-40F0-A443-8C527013DE26>, consulté le 21 octobre 2011.

L'Internationale de l'éducation (2007). *L'éthique dans le domaine de l'éducation: le rôle des codes des enseignants*, <http://www.ei-ie.org/fr/websections/content_detail/3270>, consulté le 21 octobre 2011.

CHAPITRE

3

L'encadrement légal et réglementaire de la profession enseignante

Intentions pédagogiques

Après avoir lu ce chapitre et discuté de son contenu, vous devriez être en mesure de :

- comprendre le caractère obligatoire des lois et des règlements liés à la profession enseignante ;
- connaître les lois ou parties de lois qui concernent les enseignantes et enseignants comme citoyens et comme professionnels ;
- préciser le rôle d'encadrement d'un ordre professionnel ;
- dégager les composantes éthiques des diverses réglementations de la profession et prendre en compte ces lois et règlements.

Dans ce chapitre, nous allons examiner les relations entre l'éthique et le droit, de façon à mieux comprendre la nature et la fonction de l'éthique professionnelle. L'éthique et le droit sont parfois confondus. Cela provient en partie de l'importance des décisions judiciaires pour régler les différends et les conflits sociaux, en partie à cause du fonctionnement légal et du rôle répressif des codes de déontologie.

Dans le premier chapitre, nous avons présenté brièvement diverses formes de régulations sociales comme la morale, la religion, l'éthique et la déontologie, qui répondent toutes à la question : que devons-nous faire ? Le droit est une autre forme de régulation sociale qui constitue une base fondamentale du vivre-ensemble. Devant une situation qui pose problème, une personne ou un groupe peut se référer à la religion, à la morale, à l'éthique, à la déontologie et aussi aux lois existantes, c'est-à-dire au domaine du droit. Quand le droit est consulté pour résoudre un problème, il indique ce qu'une personne ou un groupe doit faire, a le droit de faire ou ne peut pas faire dans la société entière, alors que la morale indique ce qu'on doit faire ou ne pas faire en fonction d'un cadre moral spécifique. Par exemple, la loi permet l'ouverture des magasins sept jours par semaine, mais une morale ou encore une religion peut interdire à ses fidèles de faire des achats ou du commerce un jour précis dans la semaine afin de consacrer cette journée au repos, à la vie communautaire ou familiale.

À son niveau le plus abstrait, le droit exprime le sens de la loi élaborée au nom d'un idéal de justice et d'égalité pour tous les citoyens, y compris les enfants. À un niveau un peu plus concret, le droit comprend l'ensemble des lois qu'une société se donne pour fonctionner ; ces lois peuvent être inscrites dans des codes ou des chartes. À un niveau encore plus concret, le droit comprend des règlements et des procédures visant à appliquer les lois et à les faire respecter. Le dernier niveau est nettement réglementaire et comporte des sanctions pour les personnes ou les groupes qui ne respectent pas les lois. La fonction de contrôle du droit n'est donc pas la seule, même si c'est la mieux connue. Le tableau 9 présente ces différents niveaux du droit, selon la même logique que les niveaux des autres régulations sociales abordées dans le premier chapitre.

Tableau 9
Les niveaux du droit

Niveau	Contenu	Formes du droit
Niveau idéal	Les principes et valeurs	La justice et l'égalité de tous devant les lois
Niveau théorique	Les textes généraux	Les lois, les codes, les chartes
Niveau réglementaire	Les textes permettant l'application des lois	Les règlements et les procédures
Niveau disciplinaire	Les modes de sanction en cas de non-respect des lois	Les infractions et les pénalités

3.1. Le personnel enseignant et les lois

Les enseignantes et enseignants sont soumis aux mêmes lois que les autres citoyens, mais en plus ils sont concernés par quelques lois ou parties de lois qui leur sont spécifiques. Pour prendre une décision éclairée, il leur faut tenir compte des lois et des règlements de la société dans laquelle ils vivent tout autant que des lois ou règles qui sont spécifiques à leur travail. Ces divers encadrements constituent des limites aux libertés individuelles, mais ils peuvent aussi être considérés comme des balises et des supports à la prise de décision dans des situations difficiles.

Ce qui caractérise le droit et les règlements que nous allons analyser, c'est leur caractère obligatoire. Il est un principe fondamental en droit: «Nul n'est censé ignorer la loi», et cela est vrai pour le personnel enseignant comme pour tous les autres membres de la société. Nul ne peut, non plus, se soustraire aux lois, règles et codes du groupe social auquel il appartient, ni échapper aux limites imposées par la vie en société.

Dans la société québécoise où les droits de la personne sont primordiaux et où l'autonomie est considérée comme une valeur sociale fondamentale, il peut paraître incongru de rappeler que des encadrements légaux et réglementaires sont présents et même incontournables. Les individus comme les groupes sociaux sont soumis à des lois et des règles qui orientent, encadrent et limitent leurs interventions. Les enseignantes et enseignants sont concernés par le droit à divers titres. En tant que citoyens comme les autres, les enseignants sont tenus de respecter les lois de leur province et de leur pays. Un vol demeure un acte illégal, qu'il soit commis dans une école ou bien en dehors de celle-ci, qu'il soit commis par un enseignant ou par n'importe quelle autre personne. Mais en tant qu'enseignants, ils doivent en plus tenir compte de lois et de règlements qui leur sont spécialement destinés dans le cadre de leur emploi et aussi permettre aux jeunes de comprendre la notion même de loi ou d'obligation sociale.

3.1.1. Des lois pour tous, y compris les enseignantes et enseignants

Étant donné la structure politique particulière du Canada, il faut considérer les lois au niveau fédéral et au niveau provincial.

Au niveau fédéral, les éléments primordiaux pour le personnel enseignant sont contenus dans la *Charte canadienne des droits et libertés*, qui est une loi constitutionnelle. Celle-ci encadre l'interprétation des lois fédérales et régit les agissements de l'autorité fédérale en ce qui a trait aux droits fondamentaux dans notre société : la liberté de religion, la liberté d'expression, le droit à l'égalité sans égard à la race, au sexe, aux déficiences mentales ou physiques, etc.

Toujours au niveau fédéral, on ne peut passer sous silence le *Code criminel*, qui identifie et pénalise les comportements considérés comme les plus répréhensibles par la société : l'homicide, le vol et la fraude, les voies de fait et autres agissements qu'on ne saurait tolérer. Il existe évidemment des milliers de lois et de règlements fédéraux régissant toutes sortes d'activités, mais le *Code criminel* demeure sans doute le texte de loi le plus marquant en raison du caractère frappant et sensationnel des actes qu'il punit de même que de la gravité de ces actes.

Au niveau provincial, on compte également des milliers de lois et de règlements. Ici aussi, la *Charte des droits et libertés de la personne* revêt une importance primordiale, puisqu'elle protège la liberté individuelle et empêche toute discrimination pour des motifs de sexe, de race, d'âge, etc. Toutefois, à la différence de la Charte canadienne, la Charte québécoise régit les rapports entre les individus. Par exemple, si un commerçant refuse de conclure un contrat avec une personne en raison de son orientation sexuelle, la Charte fédérale n'est d'aucune incidence, c'est vers la Charte québécoise qu'il faut se tourner.

3.1.2. Les attentes de la société envers le personnel enseignant

L'école est un lieu de droit et non un milieu hors-la-loi. À l'intérieur de l'institution sociale qu'est l'école, toutes les lois s'appliquent et les adultes, comme les jeunes, doivent les respecter. Le personnel enseignant est ainsi tenu de respecter les lois, qu'elles soient provinciales ou fédérales ; c'est un préalable à toute éthique professionnelle. En ce qui concerne le respect des lois, il faut savoir que la société canadienne dans son ensemble se montre assez exigeante envers les enseignantes et enseignants, en raison de leur fonction d'éducateurs et de la considération sociale qui leur est due. Elle s'attend ainsi qu'ils aient une conduite exemplaire dans l'école et les considère comme des modèles, non seulement pour les élèves, mais pour l'ensemble de la société.

En ce qui concerne l'abus physique et l'abus sexuel, la société est particulièrement exigeante à l'égard des adultes qui ont une fonction de protection et d'éducation envers les jeunes. C'est le cas notamment des personnes qui travaillent dans l'animation sociale et culturelle, dans l'entraînement sportif, dans les services de garde et à l'école.

La société attend donc des enseignantes et enseignants qu'ils aient une conduite hors de tout soupçon dans l'école en ce qui concerne le respect des lois. Elle peut aussi exiger qu'ils aient des comportements irréprochables en dehors de l'école et les pénaliser avec une grande sévérité quand ils dérogent aux lois, surtout si le comportement incriminé a fait l'objet d'une certaine publicité.

Des jugements récents de la Cour suprême du Canada concernant des enseignants « établissent des normes professionnelles à partir de standards moraux très élevés. À vrai dire, ils exigent que les enseignants deviennent de véritables *modèles de moralité* autant durant les heures de classe qu'à l'extérieur des heures de classe » (Jeffrey, 2009, p. 76; l'auteur souligne). Deux exemples récents : un enseignant ayant eu des relations amoureuses avec une élève pendant l'été et un autre qui a rencontré par hasard quelques-uns de ses élèves du secondaire dans un bar et qui n'a pas prévenu le propriétaire du fait que ces jeunes n'avaient pas l'âge légal pour fréquenter cet établissement. Les raisons évoquées par la Cour suprême du Canada et les tribunaux d'arbitrage pour les sanctions dans ces cas sont de deux ordres. Le premier tient à l'influence des enseignants sur les élèves et à l'importance reconnue de leur rôle dans la société. Le second tient au rôle exemplaire des enseignants, ce qui permet que les citoyens gardent confiance dans la profession enseignante et dans l'école. Dans les deux cas, les enseignants sont considérés comme des modèles (Lavoie, 2001).

La volonté de protéger les élèves, tout autant que la réputation de la profession enseignante et de l'école, a amené le législateur à exiger des maîtres en formation la preuve d'un casier judiciaire vierge pour les autoriser à faire un stage d'enseignement et pour obtenir le brevet d'enseignement à la fin de la formation universitaire. De plus, certaines commissions scolaires exigent du personnel enseignant la preuve d'un casier judiciaire vierge et d'autres commissions scolaires appliquent des mesures disciplinaires contre des enseignantes et enseignants qui commettent des infractions quand ces dernières ont un lien avec la nature de leur emploi. Cette sévérité peut aller jusqu'à sanctionner les enseignants pour des comportements qui ont eu lieu en dehors de leur emploi ou bien avant qu'ils n'enseignent. De plus, lors du recrutement d'enseignantes et d'enseignants, comme celui d'autres employés dans des entreprises, des employeurs peuvent aller jusqu'à vérifier la moralité apparente des candidats en ayant recours aux données contenues dans les réseaux sociaux. Devant des attentes aussi élevées, les enseignantes et enseignants ont tout intérêt à être prudents et à pratiquer un certain discernement dans l'étalage de leur vie privée, avant leur emploi et pendant celui-ci.

L'éthique professionnelle commence ainsi par la connaissance et le respect des lois qui ne sont pas déterminées par les enseignants, mais par la société dans laquelle ils vivent. Elle se poursuit dans la réflexion et la discussion sur le sens et les limites de l'intervention professionnelle qui, elles, sont largement effectuées par les enseignants eux-mêmes comme individus et comme groupe professionnel.

3.2. Des parties de lois qui concernent particulièrement le personnel enseignant

Certaines parties de lois ont des conséquences éthiques importantes pour les enseignantes et enseignants parce qu'elles leur attribuent des responsabilités et des devoirs particuliers.

3.2.1. La délégation de la responsabilité parentale au personnel enseignant

La famille partage avec l'État des responsabilités envers les enfants pour leur éducation et leur socialisation. Cette complémentarité des rôles éducatifs prend forme tout au long de la période de l'obligation scolaire, c'est-à-dire jusqu'à l'âge de 16 ans. Quand les parents confient leurs enfants et adolescents à l'école, ils délèguent temporairement leur autorité de parents à d'autres éducateurs, dont les enseignants, auxquels il est demandé d'agir de manière responsable. C'est ainsi que, pendant les heures d'école, la direction doit s'assurer des présences à l'école et vérifier que les absences sont motivées par les parents ou leurs substituts. Par ailleurs, les enseignantes et enseignants sont non seulement chargés d'enseigner et de faire apprendre, mais aussi d'assurer la sécurité physique des élèves, de surveiller leurs déplacements dans les corridors et les aires de jeux. Cette délégation va beaucoup plus loin puisque le personnel enseignant est chargé d'éduquer les jeunes et de les aider à intégrer un certain nombre de valeurs socialement partagées.

Ce sont une responsabilité et un pouvoir importants, mais qui ne sont pas absolus. En effet, même si les parents délèguent leur autorité à l'école pendant les heures de classe, il reste que ce sont eux qui prennent les décisions importantes et qui sont les premiers responsables de leurs enfants.

3.2.2. L'article 43 du *Code criminel* sur le châtiment corporel

À la demande d'une association militant pour le droit des enfants, qui voulait empêcher le recours aux châtiments corporels comme la fessée, la portée de l'article 43 du *Code criminel* a été délimitée en 2004. Voici cet article:

> Tout instituteur, père ou mère, ou toute personne qui remplace le père ou la mère, est fondé à employer la force pour corriger un élève ou un enfant, selon le cas, confié à ses soins, pourvu que la force ne dépasse pas la mesure raisonnable dans les circonstances.

La Cour suprême du Canada, qui a été saisie du dossier, n'a pas invalidé cet article. Elle a précisé les éléments suivants qui limitent l'usage de ces châtiments. D'abord, les châtiments corporels ont pour but d'éduquer l'enfant et de corriger un comportement; ils ne doivent pas être appliqués pour d'autres raisons comme la colère ou la vengeance. Ensuite, l'enfant doit être en mesure de comprendre la punition, ce qui interdit les châtiments corporels s'il a moins de deux ans ou s'il a une maladie mentale. Enfin, la punition doit être raisonnable dans les circonstances. On est loin de la petite Aurore, enfant martyr… Cependant, la loi ne précise pas ce qu'est une mesure raisonnable. Il appartient à chaque enseignant et à chaque parent de le déterminer selon les circonstances et l'âge des élèves ou des enfants.

Pourquoi les enseignantes et enseignants sont-ils concernés par cet article de loi? Ils sont nommément désignés par la loi justement à cause de la délégation de la responsabilité parentale, ce qui pourrait inclure l'utilisation de la force pour se faire obéir. Cependant, les commissions scolaires interdisent généralement les punitions corporelles comme les gifles, les coups, les fessées. Ces comportements ne sont, en effet, plus tolérés du tout dans la société québécoise. Mais l'article 43 ne concerne pas que les punitions physiques. Il est important, car il précise l'utilisation de la force permise au personnel enseignant dans la gestion de comportements difficiles. Pensons, par exemple, à une situation où un enseignant devrait empoigner et retenir un élève violent ou encore, dans un degré moindre, le maîtriser physiquement, ce qui constitue une restriction de sa liberté de mouvement. Ainsi, la Cour suprême déclare dans son jugement que: « l'article 43 protégera l'enseignant qui emploie une force raisonnable pour retenir un enfant ou l'expulser lorsque cela est indiqué. » (*Canadian Foundation for Children, Youth and the Law c. Canada (Procureur général)*, paragr. 38).

L'article 43 ne constitue donc pas une fin de non-recevoir automatique à une accusation de voies de fait. En d'autres termes, il ne suffit pas à l'enseignante ou l'enseignant d'invoquer son statut d'éducateur pour pouvoir avoir recours à la force: il lui revient de juger quand une situation nécessite le recours à la force physique et à l'utiliser en faisant preuve de jugement quant à l'intensité de cette force. Il lui revient aussi, en tant que professionnel, d'expliquer et de justifier son intervention. Tous ces éléments font partie de la compétence professionnelle: l'enseignante ou l'enseignant ne peut pas se contenter d'appliquer la loi de façon mécanique.

3.2.3. L'obligation de signaler de la *Loi sur la protection de la jeunesse*

Le rôle des enseignantes et enseignants est de favoriser le développement des élèves et parfois de les protéger quand ce développement est compromis. C'est ce qu'indique la *Loi sur la protection de la jeunesse*, qui précise les actions que la société attend des adultes afin de protéger les jeunes. L'obligation de signaler, qui se trouve à l'article 39, est valable pour tous les citoyens, mais elle concerne plus spécifiquement les professionnels de la santé, les enseignants et les policiers, à cause de leur fonction d'éducation et de protection. Voici l'énoncé du premier alinéa de cet article:

> Tout professionnel qui, par la nature même de sa profession, prodigue des soins ou toute autre forme d'assistance à des enfants et qui, dans l'exercice de sa profession, a un motif raisonnable de croire que la sécurité ou le développement d'un enfant est ou peut être considéré comme compromis au sens de l'article 38 ou au sens de l'article 38.1, est tenu de signaler sans délai la situation au directeur; la même obligation incombe à tout employé d'un établissement, à tout enseignant, à toute personne œuvrant dans un milieu de garde ou à tout policier qui, dans l'exercice de ses fonctions, a un motif raisonnable de croire que la sécurité ou le développement d'un enfant est ou peut être considéré comme compromis au sens de ces dispositions.

Dans cet article, le terme *enfant* est pris au sens de la loi, c'est-à-dire de personne mineure, et le terme *directeur* désigne le directeur de la protection de la jeunesse et non le directeur d'école. Là encore, le jugement professionnel est nécessaire pour évaluer la situation avant de faire un signalement. Cette disposition de la *Loi sur la protection de la jeunesse* exige du personnel enseignant une implication qui peut sembler lourde à porter. Il faut savoir toutefois que le signalement se fait généralement après que l'élève ait été référé aux services complémentaires de l'école ; l'enseignant n'est donc pas seul à assumer le signalement. Mais surtout, cet article reconnaît le rôle important des enseignantes et enseignants, la confiance que les élèves leur accordent spontanément et l'importance vitale de l'aide qu'ils peuvent apporter à leurs élèves non seulement pour apprendre, mais aussi pour vivre.

3.2.4. Le respect des droits d'auteur

Mentionnons pour terminer cette section que les textes publiés sont, en principe, protégés par la *Loi sur le droit d'auteur*. Comme les enseignantes et enseignants sont de grands utilisateurs de livres de référence, de manuels, de sites Web et de cahiers d'exercices, il convient de rappeler que la copie et la photocopie de documents peuvent être effectuées d'une façon tout à fait légale dans un établissement scolaire quand ce dernier a conclu une entente à cette fin avec une société de gestion de droits d'auteur. Ces ententes permettent aux auteurs de recevoir une compensation financière proportionnelle au nombre de photocopies effectuées. À défaut de pouvoir bénéficier d'une dispense telle que celle que procure une entente, il demeure possible qu'une photocopie non autorisée soit illégale, ce qui ouvrirait la porte à des poursuites judiciaires. Notons que la *Loi sur le droit d'auteur* fait présentement l'objet de propositions d'amendement afin de mieux l'adapter aux supports numériques et à la diffusion libre par Internet.

3.3. Des lois et des règlements spécifiques à l'enseignement

La *Loi sur l'instruction publique*, qui a été grandement modifiée en 1997 par le projet de loi 180, détermine le cadre légal d'exercice de la profession enseignante. Elle comprend une partie relative à l'éthique professionnelle enseignante où trois éléments sont abordés : les droits de l'enseignant, ses obligations et la suspension ou la révocation du brevet d'enseignement, autrement dit de l'autorisation légale d'enseigner.

L'article 19 présente les droits de l'enseignant en affirmant dès le départ que l'enseignant a une fonction de direction par rapport aux élèves, qui lui permet d'intervenir et d'évaluer. On peut voir en cela une présentation générale de l'identité professionnelle des enseignantes et enseignants.

> Dans le cadre du projet éducatif de l'école et des dispositions de la présente loi, l'enseignant a le droit de diriger la conduite de chaque groupe d'élèves qui lui est confié.
>
> L'enseignant a notamment le droit:
>
> 1° de prendre les modalités d'intervention pédagogique qui correspondent aux besoins et aux objectifs fixés pour chaque groupe ou pour chaque élève qui lui est confié;
>
> 2° de choisir les instruments d'évaluation des élèves qui lui sont confiés afin de mesurer et d'évaluer constamment et périodiquement les besoins et l'atteinte des objectifs par rapport à chacun des élèves qui lui sont confiés en se basant sur les progrès réalisés.

La contrepartie des droits de l'enseignant, ce sont les devoirs ou obligations de sa fonction, qui sont énumérés à l'article 22.

> Section II – Obligations de l'enseignant
>
> Il est du devoir de l'enseignant:
>
> 1° de contribuer à la formation intellectuelle et au développement intégral de la personnalité de chaque élève qui lui est confié;
>
> 2° de collaborer à développer chez chaque élève qui lui est confié le goût d'apprendre;
>
> 3° de prendre les moyens appropriés pour aider à développer chez ses élèves le respect des droits de la personne;
>
> 4° d'agir d'une manière juste et impartiale dans ses relations avec ses élèves;
>
> 5° de prendre les mesures nécessaires pour promouvoir la qualité de la langue écrite et parlée;
>
> 6° de prendre des mesures appropriées qui lui permettent d'atteindre et de conserver un haut degré de compétence professionnelle;
>
> 6.1° de collaborer à la formation des futurs enseignants et à l'accompagnement des enseignants en début de carrière;
>
> 7° de respecter le projet éducatif de l'école.

Cet article présente les éléments généraux de la compétence professionnelle du personnel enseignant, qu'il est essentiel de connaître et de respecter. C'est une sorte de contrat moral entre la société et les enseignants et la contrepartie du pouvoir qui leur est conféré par la société.

La *Loi sur l'instruction publique* comporte aussi une composante disciplinaire qui permet de sévir en cas de plainte fondée contre une enseignante ou un enseignant qui n'assumerait pas ses devoirs professionnels ou commettrait une faute professionnelle. Le premier alinéa de l'article 26 précise que « [t]oute personne physique peut porter plainte au ministre contre un enseignant pour une faute grave commise à l'occasion de l'exercice de ses fonctions ou pour un acte *dérogatoire à l'honneur ou à la dignité de la fonction enseignante ». Cependant, les notions de faute grave, d'honneur et de dignité ne sont pas définies dans le texte de la loi. Les articles 26 à 33 explicitent le mécanisme de traitement des plaintes par un comité nommé par le ministre, qui fonctionne selon une procédure et des délais précis. Les articles 34 à 35 fournissent des explications sur ce qui arrive si la plainte est fondée et que l'enseignante ou l'enseignant reconnaît la faute qu'on lui reproche : la suspension, la révocation ou le maintien sous conditions de l'autorisation d'enseigner.

Malgré ce dispositif légal, certains groupes et organismes considèrent que le caractère général de ces articles de la *Loi sur l'instruction publique* ne permet pas vraiment d'évaluer et de juger de la compétence et de l'éthique professionnelle d'un membre du corps enseignant à propos duquel une plainte aurait été déposée. Ils proposent soit de mettre en place un ordre professionnel des enseignantes et enseignants qui aurait un code de déontologie et un comité de discipline pour le gérer, soit de créer une nouvelle structure d'encadrement de la pratique professionnelle qui aurait, entre autres, la charge de traiter les plaintes.

Si la *Loi sur l'instruction publique* est importante, elle n'est pas la seule à délimiter le travail des enseignantes et enseignants. Les conventions collectives régies par la *Loi sur le régime de négociation des conventions collectives dans les secteurs public et parapublic* constituent une autre forme importante de régulation de la profession enseignante. Les conventions collectives de travail sont négociées par le gouvernement et les commissions scolaires, d'une part, et le syndicat enseignant, d'autre part. Ces conventions déterminent, par exemple, les salaires, l'organisation du travail et le nombre d'heures de travail par semaine.

Le régime pédagogique et les programmes du préscolaire, du primaire et du secondaire tels qu'ils sont présentés dans le Programme de formation de l'école québécoise déterminent les orientations et le contenu du travail à effectuer par le personnel enseignant en classe. Ils constituent l'encadrement pédagogique de la fonction enseignante. Quand le système scolaire entreprend une réforme des programmes, comme cela a été le cas au Québec en 2000, cette réforme n'est pas optionnelle et négociable individuellement par les enseignantes et enseignants. Elle comporte un caractère d'obligation, bien que les modalités de sa mise en œuvre puissent varier d'un milieu à un autre, d'une équipe pédagogique à une autre, d'un enseignant à un autre.

D'autres lois ont également des incidences sur le travail du personnel enseignant, comme la *Charte de la langue française*, la *Loi sur l'enseignement privé*, la *Loi sur l'accès aux documents des organismes publics et sur la protection des renseignements personnels*, la *Loi sur le ministère de l'Éducation, du Loisir et du Sport*, le *Règlement sur l'autorisation d'enseigner* et bien d'autres encore.

3.4. Des politiques et règlements locaux dans les commissions scolaires et dans les écoles

Les membres du corps enseignant ne peuvent faire abstraction des normes présentes dans leur milieu de travail, qu'elles aient été édictées par la commission scolaire ou par l'école. Dans ce cas, ce ne sont pas des lois qui régissent leurs comportements. Ce sont des politiques locales et des règlements qui ont une portée limitée à leur contexte bien défini, mais qui n'en sont pas moins des instruments de régulation sociale de tous les acteurs du milieu scolaire, y compris le personnel enseignant. Par exemple, dans la foulée du souci éthique qui traverse la société québécoise, certaines commissions scolaires se sont dotées de politiques relatives à l'éthique (voir l'exemple proposé à l'Annexe 6, p. 229).

En tant qu'employés d'une commission scolaire, les enseignantes et enseignants sont concernés par les politiques locales de leur milieu de travail, dont certaines ont des incidences sur leur éthique professionnelle. Ainsi, les politiques des commissions scolaires visent la prévention de problèmes sociaux qui ont un retentissement dans l'école. Celles-ci touchent particulièrement les membres du corps enseignant en leur reconnaissant un rôle spécifique. Considérons, par exemple, les politiques sur le harcèlement sexuel et la violence. Celles-ci posent non seulement comme principe éthique que ces comportements sont inacceptables dans l'école, mais en plus elles demandent au personnel enseignant de faire de la prévention primaire et secondaire à ce sujet. Par prévention primaire, on entend toute intervention d'information ou de sensibilisation auprès des élèves qui vise à empêcher la manifestation de ces comportements dans l'école, par exemple une journée de sensibilisation organisée avec les services complémentaires de l'école. Par prévention secondaire, on entend toute intervention de dépistage auprès des élèves qui permet de reconnaître qu'une personne est victime de ces comportements, ce qui entraîne un signalement aux autorités en vue de l'aider, comme l'exige la *Loi sur la protection de la jeunesse*.

De plus, on attend des enseignantes et enseignants qu'ils respectent absolument ces politiques en n'ayant aucun comportement de harcèlement sexuel ou de violence envers des élèves ou envers toute autre personne du milieu scolaire. Il n'est pas exagéré de parler à ce sujet de tolérance zéro. Les enseignantes ou enseignants reconnus coupables d'abus physique ou d'abus sexuel envers des élèves sont exposés à des condamnations en vertu du *Code criminel*, à des poursuites civiles et, en plus, à des mesures disciplinaires de la part de leur commission scolaire comme la suspension, le non-renouvellement de leur contrat de travail ou le renvoi.

Les commissions scolaires et les écoles ont pris l'habitude, depuis quelques années, de rédiger des règlements à usage interne appelés Codes de vie. Ceux-ci sont également des instruments de régulation des comportements scolaires. Ils ont une double utilité : d'une part, ce sont des instruments de gestion de classe qui aident à faire respecter des règles de base comme la politesse et, d'autre part, ce sont des instruments de contrôle des comportements à l'école pour les directions d'école.

Les Conseils d'établissement auxquels participe le personnel enseignant ont le droit d'établir des règlements internes qui peuvent imposer aux élèves certains comportements comme le vouvoiement ou une tenue vestimentaire particulière (Bouchard, 2004). C'est au nom de valeurs comme le respect de soi, le respect d'autrui ou le sentiment d'appartenance à l'école que ces règlements sont établis et pas seulement pour contrôler les élèves. Ces règlements locaux peuvent varier sensiblement d'une école à l'autre, mais ils ont comme avantage de donner des lignes directrices claires auxquelles tout le personnel enseignant d'une école peut se référer.

On peut cependant regretter que ces règlements et codes soient davantage perçus comme des moyens de contrôler les élèves que comme des moyens de développer une éthique collective dans l'école. Certains membres du corps enseignant vont jusqu'à penser que les codes de vie ne sont rédigés que pour les élèves et qu'ils ne les concernent pas. Mais il serait assez difficile de faire respecter une règle si le personnel lui-même ne la respecte pas. La cohérence et la congruence sont des qualités professionnelles. On voit mal, en effet, un enseignant interdire à un jeune un comportement qu'il se permet lui-même à l'école alors que ce même comportement est interdit par le code de vie, par exemple fumer dans la cour de l'école ou encore porter certains vêtements.

3.5. Un ordre professionnel comme encadrement particulier

Jusqu'à présent, nous n'avons envisagé que les encadrements actuels de la profession enseignante. Il reste à examiner la nature et la fonction de l'encadrement de la pratique enseignante qui pourrait advenir avec la création d'un ordre professionnel des enseignantes et enseignants. Notons d'abord que selon l'Office des professions du Québec et la Fédération des syndicats de l'enseignement, la profession enseignante est déjà suffisamment encadrée et elle ne gagnerait rien à l'être davantage par un ordre professionnel. D'ailleurs, la Fédération des syndicats de l'enseignement (2004) a produit une déclaration de principes éthiques pour l'enseignement qui permet de bien clarifier les orientations du travail enseignant. Malgré tout, il est intéressant de se pencher sur la nature d'un encadrement par un ordre professionnel : le rôle de tout ordre professionnel est avant tout de protéger le public et non de contrôler ses membres. Cette protection du public est nécessaire à cause du pouvoir que détiennent les professionnels en raison de leur expertise et de leur statut. Il s'agit d'empêcher tout abus de pouvoir ou toute utilisation inadéquate de celui-ci par les professionnels afin de conserver la confiance du public envers la profession.

L'encadrement de la profession, effectué par un ordre professionnel, est le résultat d'un travail entre pairs. C'est ainsi que les médecins gèrent leur profession à l'intérieur de leur corporation. Les enseignantes et enseignants pourraient, eux aussi, gérer la leur dans un ordre professionnel ou une corporation. La structure de fonctionnement d'un ordre professionnel est celle d'une *autogestion, ce qui en fait un type d'encadrement de la profession différent de tous ceux qui ont été présentés précédemment. Les membres de tout ordre professionnel sont des collègues qui assurent ensemble la régulation de leur profession. Alors que la religion, la morale et le droit constituent des *hétérorégulations, la déontologie liée à l'appartenance à un ordre professionnel fonctionne comme une *autorégulation, car ce sont les professionnels eux-mêmes membres de l'Ordre qui gèrent leur ordre professionnel.

Les différentes fonctions d'un ordre professionnel et son mandat sont déterminés par une loi : le *Code des professions*. Ce code est administré par une structure unique au Québec : l'Office des professions du Québec. Une telle structure n'existe pas en Ontario où un ordre professionnel des enseignants a été mis en place par le gouvernement conservateur en 1996. L'un des rôles d'un ordre professionnel est certainement le contrôle de l'éthique professionnelle de ses membres grâce au code de déontologie obligatoire et au comité de discipline chargé d'évaluer les plaintes. C'est son rôle le plus connu, mais c'est loin d'être le seul. Un ordre professionnel des enseignantes et enseignants aurait aussi pour fonction de gérer la profession en déterminant un certain nombre d'éléments essentiels. Le tableau 10 les rapporte.

Tableau 10
Les éléments essentiels gérés par un ordre professionnel

- Les personnes qui peuvent faire partie de l'ordre et le montant de la cotisation pour en être membre ;
- Les compétences à acquérir pour entrer dans la profession et le diplôme nécessaire pour pratiquer. Ces éléments seraient éventuellement déterminés par l'ordre en collaboration avec le ministère de l'Éducation, du Loisir et du Sport et les universités ;
- Le fonctionnement du comité d'inspection qui évalue régulièrement la pratique des membres. Cette tâche est actuellement effectuée sous forme de supervision pédagogique par les directions d'école ;
- Le fonctionnement du code de déontologie de la profession dans le traitement des plaintes reçues contre un professionnel ;
- La proposition de formation continue aux membres afin qu'ils maintiennent leurs compétences professionnelles ;
- La manière de protéger la réputation de la profession et d'en faire la promotion dans la société.

Cette liste montre qu'un ordre professionnel des enseignantes et enseignants exercerait des fonctions qui sont actuellement celles du ministère de l'Éducation, du Loisir et du Sport, des directions d'école ou des syndicats. Un ordre professionnel constitue une structure qui peut détenir un rôle important en ce qui concerne l'éthique professionnelle et c'est essentiellement pour cette raison que cette structure est demandée par des parents et certains organismes éducatifs. Mais il faut toujours avoir en tête que la fonction essentielle de tout ordre professionnel est de protéger le public – ce qu'il réalise effectivement s'il évite le piège du *corporatisme, c'est-à-dire de la protection de ses membres avant tout.

3.6. L'enseignante ou l'enseignant comme personne qui incarne la Loi

Les enseignantes et enseignants sont soumis à des lois générales et spécifiques qu'ils doivent connaître et respecter en faisant preuve de discernement. Mais leur rôle ne s'arrête pas là. La tradition éducative et les pratiques actuelles en éducation montrent que le rôle du personnel enseignant est aussi d'être porteur de la *Loi, c'est-à-dire du sens symbolique des lois. Les enseignantes et enseignants entretiennent des rapports sociaux dans l'école et ils aident les élèves non seulement à apprendre des connaissances et développer des compétences, mais aussi à vivre ensemble. Ils permettent aux jeunes d'intégrer les normes scolaires et sociales dans leur vie d'élèves et de jeunes.

Cela nous ramène au rôle de modèle du personnel enseignant dont nous avons parlé précédemment. Ainsi, les enseignantes et enseignants incarnent la Loi sociale, par le biais du pouvoir que l'école leur confère et que la société leur reconnaît. Ils ont une autorité *légitime sur les élèves et cette autorité s'accompagne de responsabilités et de devoirs particuliers. Certes, une partie de la population peut avoir des difficultés à reconnaître cette autorité ; elle n'en fait pas moins partie de l'identité professionnelle enseignante. Blais, Gauchet et Ottavi (2008) ont d'ailleurs remarqué que certaines difficultés scolaires des jeunes sont liées au respect limité que leurs parents portent aux institutions sociales comme l'école ou l'État.

Il est clair que si les enseignants ne reconnaissent pas leur propre autorité comme légitime et nécessaire, ils ne seront pas en mesure de la faire respecter par les élèves ni par leurs parents. Cela ne signifie pas que les enseignantes et enseignants sont des policiers ou des juges, mais cela veut dire qu'ils ont une autorité morale légitime qui leur est conférée par la société afin d'aider les jeunes à se développer. Reconnaître qu'on possède cette autorité est un premier pas nécessaire pour la gérer de façon professionnelle et de façon éthique. Nous verrons d'ailleurs au chapitre suivant consacré aux finalités éducatives que la fonction symbolique des enseignantes et enseignants les amène à jouer un rôle éducatif important dans l'apprentissage de règles sociales chez les jeunes : c'est une de leurs missions éducatives.

Nous avons vu, dans ce troisième chapitre, que la profession enseignante est amplement réglementée et que de nombreuses lois balisent le travail des enseignantes et enseignants. Ils ne sont pas totalement libres, pas plus d'ailleurs que les autres professionnels ou les autres adultes dans la société. Quand ils sont dans leur classe, les enseignants sont les relais d'une société de droit et des figures d'autorité, ce qui leur impose des devoirs particuliers. Une des premières étapes de développement de sa propre éthique professionnelle est de prendre conscience de cet encadrement légal, de le reconnaître et d'en tenir compte dans ses interventions. Nous avons vu aussi que respecter les lois ne peut se faire sans exercer son jugement professionnel, sans réfléchir, sans tenir compte des circonstances. L'éthique professionnelle est plus qu'une simple obéissance aux lois et aux règlements, même si elle commence par là. Elle fait appel au discernement et à la réflexion sur le sens de la pratique professionnelle pour prendre des décisions sur les conduites à adopter.

QUESTIONS D'APPROFONDISSEMENT ET DE DISCUSSION

1. Après avoir relu les devoirs des enseignants énoncés par la *Loi sur l'instruction publique*, essayez d'évaluer dans quelle mesure votre préparation à l'enseignement ou votre pratique d'enseignement vous permet de remplir actuellement ces devoirs.

   Que concluez-vous après avoir évalué au tableau 11 votre compétence actuelle à remplir les devoirs des enseignants inscrits dans la *Loi sur l'instruction publique*?

   Tableau 11
   Les devoirs des enseignantes et enseignants – votre évaluation

	Insuffisamment	**Suffisamment**	**Amplement**
1. La formation des élèves			
2. Le développement du goût d'apprendre			
3. Le respect des droits de la personne			
4. La justice et l'impartialité			
5. La qualité de la langue			
6. La compétence professionnelle			
7. La formation des jeunes collègues			
8. La participation au projet éducatif			

2. Le serment d'Hippocrate vu au premier chapitre (Annexe 1) met en évidence l'honneur de la profession médicale. Dans ce chapitre, la *Loi sur l'instruction publique* met en évidence l'idée d'acte dérogatoire à l'honneur et à la dignité de la fonction enseignante. Que signifie cet honneur de la profession enseignante pour vous? Comment se manifeste-t-il? Avez-vous déjà rencontré une enseignante ou un enseignant qui manifestait, par ses actes, cette dignité de la fonction enseignante? Qu'avez-vous observé? Que retenez-vous?

3. Quels sont les différents niveaux couverts par la *Loi sur l'instruction publique*? Où situez-vous les différents niveaux couverts par la *Loi sur l'instruction publique* dans le tableau 9 sur les niveaux du droit apparaissant au début de ce chapitre? Pourquoi?

4. Quelles sont les incidences du droit sur la vie professionnelle des enseignantes et enseignants?

5. Est-ce que le fait d'être un bon citoyen qui respecte les lois suffit à faire d'une enseignante ou d'un enseignant un professionnel éthiquement responsable?

6. Quelle différence faites-vous entre le droit et l'éthique? Comment cela se traduit-il dans votre travail d'enseignante ou d'enseignant?

■ ATELIER

TRAVAIL EN ÉQUIPE : LA DIMENSION SYMBOLIQUE DE LA LOI

► **Première étape : répondre individuellement aux questions suivantes**

- Quand on me dit que, comme enseignante ou enseignant, j'incarne la Loi auprès des élèves qui me sont confiés, qu'est-ce que cela signifie pour moi ?
- Dans mon expérience d'élève, qu'est-ce que mes enseignantes ou enseignants m'ont appris qui m'ont permis de mieux vivre avec moi-même et avec les autres ?

► **Deuxième étape : discussion en équipe à partir des réponses individuelles**

- Pourquoi l'enseignante ou l'enseignant est-il une personne significative pour le développement personnel et social de l'élève ?
- Donnez des exemples et des contre-exemples qui appuient vos pistes de réponses.

À partir de la discussion que vous avez eue, préparez un commentaire à communiquer au grand groupe sur le fait que les enseignantes et enseignants incarnent la Loi auprès des élèves et ce que cela donne en termes d'éducation des élèves dans la classe et à l'école.

► **Troisième étape : retour en grand groupe**

Une personne par équipe fait la synthèse de son commentaire à la classe.

■ POUR ALLER PLUS LOIN

La relation entre le droit et l'enseignement :

Dufresne, Éric (2001) « Droit de l'éducation. L'enseignant : un modèle pour la société », *Journal du Barreau du Québec*, vol. 33, n° 12, <http://www.barreau.qc.ca/publications/journal/vol33/no12/enseignant.html>, consulté le 21 octobre 2011.

Les risques liés à l'utilisation des réseaux sociaux :

Ordre des enseignantes et des enseignants de l'Ontario (2011). *Recommandation professionnelle. Utilisation des moyens de communication électroniques et des médias sociaux*, <http://www.oct.ca/home.aspx?lang=fr-CA>, consulté le 21 octobre 2011.

Fédération des syndicats de l'enseignement (2007). *Les droits des enseignantes et enseignants*, <http://www.fse.qc.net/profession-enseignante/insertion-professionelle/index.html>, consulté le 21 octobre 2011.

PARTIE 2

Les composantes de la pratique enseignante

Alors que la première partie de ce livre contient une présentation générale de notions relatives à l'éthique professionnelle, des raisons de son développement et de sa nécessité en enseignement, la seconde partie concerne spécifiquement la pratique enseignante. Elle porte sur ce que les enseignantes et enseignants font et la façon dont ils se représentent leur travail. De plus, plusieurs défis éthiques auxquels ils sont confrontés sont abordés. Le but poursuivi dans cette seconde partie est de dégager des éléments constitutifs du sens de la profession enseignante pour contribuer à développer les compétences nécessaires à l'exercice des responsabilités éducatives avec professionnalisme. Divers éléments sont ainsi successivement abordés dans cette partie du livre : les finalités éducatives (chapitre 4), les valeurs (chapitre 5), les diverses conceptions de l'intervention en enseignement (chapitre 6), la relation au savoir (chapitre 7), la relation pédagogique (chapitre 8), le rôle du personnel enseignant dans l'école (chapitre 9).

CHAPITRE

4

Les finalités éducatives

Intentions pédagogiques

Après avoir lu ce chapitre et discuté de son contenu, vous devriez être en mesure de :

- percevoir l'enseignement comme une activité de formation à long terme ayant des visées particulières quant au développement des personnes ;
- réfléchir au sens de l'éducation et de l'enseignement ;
- connaître les missions de l'école québécoise à actualiser par l'enseignement ;
- concevoir l'enseignement comme un service public qui comporte des exigences éthiques particulières.

Lorsqu'on parle de finalités éducatives, on veut comprendre *pourquoi*, c'est-à-dire pour quelles raisons, et *pour quoi*, c'est-à-dire dans quels buts ou en vue de quoi une société organise l'éducation de ses membres. Bien sûr, l'éducation familiale poursuit aussi certaines finalités, de même que l'éducation religieuse dans le cadre de regroupements religieux. Mais, ici, nous nous intéressons aux finalités éducatives poursuivies par l'école et actualisées grâce au travail quotidien du personnel enseignant auprès des élèves.

Au Québec, comme dans d'autres provinces canadiennes et d'autres pays industrialisés, les dépenses publiques consacrées au domaine de l'éducation sont élevées. Cet investissement collectif montre toute l'importance que les sociétés accordent au développement de leurs membres par l'intermédiaire du travail du personnel enseignant dans les établissements d'éducation.

Une grande partie de l'éducation offerte dans le système éducatif consiste en une formation initiale qui vise principalement des apprentissages et un développement de compétences qui vont favoriser l'intégration socioprofessionnelle des personnes. Cette formation est réalisée dans les différents niveaux du système : le préscolaire, le primaire, le secondaire général, le secondaire professionnel, l'éducation des adultes, le secteur préuniversitaire et le secteur professionnel et technique du cégep, l'université. Comme la formation initiale est une formation de base, elle est complétée en cours d'emploi par plusieurs types de formation continue. Il est maintenant généralement admis que l'apprentissage et la formation se poursuivent tout au long de la vie.

4.1. Les finalités de l'éducation au Québec

Les finalités éducatives sont de grands buts et idéaux poursuivis à long terme grâce à l'éducation. Ainsi, tout système d'éducation comporte des finalités qui orientent son organisation et son fonctionnement. La définition des finalités de l'éducation est un enjeu social et éducatif très important. Qui définit ces grands buts ou ces orientations ? Les finalités explicites d'un système éducatif résultent habituellement d'un consensus social au sujet d'éléments essentiels que l'école devrait idéalement développer. Ce consensus a varié selon les époques. Par exemple, un bref retour historique nous rappelle que les écoles du Canada français ont longtemps eu pour finalités de transmettre la religion catholique et la langue française. Avec le temps, la société a changé et les finalités éducatives de l'école avec elle. Le besoin de main-d'œuvre qualifiée lié à l'industrialisation et au développement économique du Québec après la Deuxième Guerre mondiale a créé une forte pression pour une organisation systématique de l'éducation. Ainsi, dans la foulée de la Révolution tranquille des années 1960, on a assisté à la mise sur pied du système scolaire tel que nous le connaissons aujourd'hui. Son but principal, l'accès à l'éducation pour tous partout sur le territoire québécois, a aussi été appelé la démocratisation de l'éducation. En 1979, la politique éducative *L'école québécoise: énoncé de politique et plan d'action* est venue, d'une part, apporter des précisions sur ce qui avait été amorcé dans les années 1960 et, d'autre part, mettre en place une structuration explicite des contenus des programmes d'études pour l'éducation préscolaire, l'enseignement au primaire et au secondaire.

Les programmes alors créés et implantés partout au Québec, les programmes par objectifs, ont été remplacés par les programmes par compétences issus de la politique éducative de 1997 qui a donné lieu à la réforme de l'école québécoise. Dès le début des années 1990, on avait commencé à remettre en question les objectifs de l'éducation scolaire tels qu'énoncés en 1979: «Permettre aux enfants et aux adolescents de se développer selon leurs talents et leurs ressources personnelles, de s'épanouir comme personnes autonomes et créatrices et de se préparer à leur rôle de citoyen» (Gouvernement du Québec, 1979, p. 29). En 1994, le Rapport du groupe de travail sur les profils de formation au primaire et au secondaire, aussi appelé Rapport Corbo, selon le nom de son président Claude Corbo, a fait état du besoin de l'école de l'avenir de privilégier certains aspects essentiels: le développement intellectuel, le goût d'apprendre, l'introduction à la culture, la préparation aux rôles sociaux de la vie adulte et la réussite des élèves. On commence alors à dire que le rôle de l'école est de développer des habiletés générales transférables et la capacité d'apprendre, et non uniquement l'ancrage du contenu disciplinaire des apprentissages. Mais ce sont véritablement les États généraux sur l'éducation de 1995 et 1996, vaste consultation publique, qui donnèrent le coup d'envoi aux grands changements introduits par la réforme de l'éducation.

Dans les documents officiels qui balisent la réforme, on a choisi de mettre en relief les finalités de l'éducation en spécifiant la mission de l'école. Cette mission se définit en trois verbes d'action: instruire, *socialiser et *qualifier. De plus, dans les domaines d'enseignement, on met en valeur les finalités de l'apprentissage des différentes disciplines.

4.2. Le sens et l'orientation de l'intervention éducative

Les finalités éducatives donnent un sens à l'école, aux différents apprentissages scolaires à réaliser et à l'intervention éducative. Prenons l'exemple de l'apprentissage de la lecture. On peut considérer que les premières années du primaire ont pour but de développer la compétence particulière qu'est le décodage des textes nécessaire à la lecture. Mais si l'apprentissage de la lecture est important, c'est parce qu'il permet tous les autres apprentissages scolaires qui, eux, devraient aider les élèves à devenir plus conscients du monde qui les entoure, à mieux le comprendre, à s'ouvrir à la culture, à agir et faire des choix personnels éclairés. Cet exemple montre que la finalité éducative de l'apprentissage de la lecture dépasse de beaucoup la lecture pour elle-même ; il en est de même pour tous les apprentissages scolaires. C'est pourquoi la compétence professionnelle du personnel enseignant ne se limite pas à connaître comment enseigner tel ou tel contenu, mais elle repose aussi sur une compréhension des buts et des enjeux de l'enseignement.

Quand on dit qu'une finalité éducative donne un sens aux interventions éducatives, cela veut dire qu'elle les justifie, puisque c'est pour s'en approcher qu'ont lieu les interventions. Pour reprendre notre exemple de la lecture, que peut répondre une enseignante à un élève qui lui demande pourquoi il faut apprendre à lire à l'école ? L'enseignante ne peut lui répondre que si elle a préalablement réfléchi à la question et qu'elle connaît les raisons de l'enseignement et de l'apprentissage de la lecture. Sinon, elle ne pourra que s'appuyer sur le Programme de formation de l'école québécoise pour dire que c'est obligatoire. Or, un enseignant professionnel ne peut se contenter de suivre un programme sans comprendre pour quelles raisons il le fait.

La seule façon de répondre à la question du « Pourquoi ? » posée par un élève ou par toute autre personne est de replacer cette question dans le contexte plus large du sens de l'éducation. Se pencher sur les finalités éducatives, c'est réfléchir au sens de l'éducation, à sa direction ou son orientation à long terme. Voilà pourquoi la question des finalités éducatives a souvent été analysée par les philosophes de l'éducation. Reboul (1999), par exemple, écrit que l'éducation a pour mission de former des personnes, de les développer, de les améliorer. Pour Jacquard (1996), c'est l'intégration de la personne dans la communauté humaine par l'accès au patrimoine de l'humanité. Beaucoup d'autres penseurs ont écrit des choses intéressantes sur l'éducation ou ce qu'elle devrait être.

Ce qu'on doit retenir, cependant, c'est que la simple connaissance des finalités du système éducatif et de l'enseignement des matières est insuffisante pour l'intervention. Chaque enseignante, chaque enseignant doit avoir réfléchi à ce qu'elles signifient pour que ces finalités aient du sens pour elle-même ou pour lui-même et qu'elles orientent ses interventions. C'est lorsque la personne les précise pour elle-même qu'elle comprend véritablement ce que signifie enseigner. Quoique cette réflexion puisse paraître bien théorique, abstraite ou même inutile, elle a pourtant des répercussions considérables sur la pratique auprès des élèves. Plus une personne comprend la raison d'être de ses interventions, plus elle est à même d'amener ses élèves à comprendre le sens de leur activité en classe et leurs apprentissages. En ce moment d'ailleurs, on parle beaucoup d'apprentissage significatif ou signifiant pour les élèves, mais il ne faut pas oublier que l'enseignement doit d'abord et avant tout être significatif pour les enseignantes et enseignants qui le mettent en œuvre.

Nous avons vu qu'une finalité éducative donne une orientation aux interventions éducatives, une direction générale à laquelle on se réfère pour poser des gestes particuliers. Par exemple, pour faire de la bicyclette, il faut se tenir en selle, pédaler, regarder devant la roue. Mais il faut aussi regarder plus loin sur la route pour savoir où aller, sinon au moindre petit caillou sur la route, c'est la chute. Il faut avoir une direction et un but.

L'intervention éducative comporte elle aussi des gestes particuliers en vue d'une fin plus générale qu'il faut garder à l'esprit, sinon on se perd dans les détails quotidiens et on ne sait plus pour quelles raisons on intervient. Prenons l'exemple de l'enseignement de l'anglais aux élèves francophones. Il peut prendre une orientation pratique : on apprend l'anglais surtout pour communiquer et voyager. Il peut aussi prendre une orientation culturelle qui permet de lire des textes, d'écouter des chansons ou de visionner des films en anglais. Or chacune de ces orientations générales va comporter des buts particuliers et ainsi amener à choisir des méthodes pédagogiques appropriées. L'orientation pratique met l'accent sur la communication orale et le vocabulaire de la vie quotidienne alors que l'orientation culturelle insiste davantage sur l'apprentissage de la langue par l'écriture, la lecture et l'analyse, l'histoire de la langue et des contextes de son utilisation.

Les finalités de formation possèdent donc une fonction d'orientation générale qui détermine une grande partie du contenu et des méthodes d'enseignement-apprentissage. C'est pourquoi il est essentiel que les enseignants connaissent les finalités éducatives relatives aux disciplines enseignées et à leur niveau d'enseignement ; cela fait partie de leur compétence professionnelle.

Un consensus social fournit les grands repères qui permettent de poser les finalités de l'éducation qui se trouvent dans la documentation ministérielle et les programmes d'études. Chaque enseignant est donc directement concerné par les finalités éducatives, car elles donnent sens à son intervention professionnelle. Dans la mesure où les enseignantes et enseignants travaillent dans un système éducatif qui poursuit des finalités particulières qui orientent le sens du développement des élèves, ils doivent respecter les finalités éducatives de l'école dans leurs interventions professionnelles. Même s'ils disposent d'une certaine latitude dans leur travail, ils ne sont pas totalement libres de choisir les finalités, les buts ou les contenus d'enseignement de façon individuelle, selon leur bon plaisir, leurs préférences ou leurs goûts particuliers. On peut comprendre cela avec l'exemple d'un cas particulier : un enseignant qui choisit d'enseigner dans une école à vocation particulière – qu'il s'agisse d'art, de science ou de sport, par exemple – est tenu de respecter les orientations, les aménagements et les enrichissements aux contenus d'enseignement de cette école.

4.3. L'enseignement, une profession ou une technique ?

De nos jours, les enseignantes et enseignants doivent assumer des responsabilités professionnelles plus importantes qu'auparavant. On les considère d'ailleurs comme des professionnels. Il faut maintenant analyser cela par rapport aux finalités éducatives. Un professionnel se caractérise par sa compétence, son autonomie et sa responsabilité. Ainsi, une enseignante ou un enseignant peut choisir, par exemple, un exercice particulier, un travail individuel ou de groupe, un texte écrit ou une présentation orale, selon les besoins. Cependant, ce choix doit toujours être fondé sur des connaissances précises : celles de la matière, des élèves, des méthodes et des instruments disponibles. Un choix professionnel n'est donc pas attribuable au hasard, à la facilité, à la mode ou au caprice individuel. De plus, il doit pouvoir être justifié d'abord auprès de l'élève, ensuite auprès des parents, des collègues ou de la direction de l'école. Ainsi, l'enseignant professionnel doit être capable de décider des interventions à mettre en œuvre pour permettre à ses élèves d'atteindre les apprentissages reliés aux finalités éducatives prévues par le système scolaire. Il doit pouvoir expliquer pour quelles raisons il a choisi telle méthode plutôt qu'une autre, tel moyen plutôt que tel autre, et appuyer ses arguments en fonction de l'orientation et du sens de ses interventions. Il doit savoir ce qu'il fait et pourquoi il le fait.

L'approche professionnelle de l'enseignement suppose que le personnel enseignant utilise ses connaissances et ses techniques d'intervention en gardant à l'esprit les finalités éducatives générales liées à la mission sociale de l'école. Cette approche compte sur l'autonomie des enseignantes et enseignants, sur leur jugement professionnel qui leur permet de choisir le type d'intervention nécessaire à chaque situation singulière, selon ses caractéristiques propres. Mais, en contrepartie, cette approche exige qu'ils soient conscients et responsables de leurs choix, qu'ils puissent les expliquer et les justifier. Rappelons-nous qu'un des aspects de la compétence éthique est de pouvoir «justifier, auprès des publics intéressés, ses décisions relativement à l'apprentissage et à l'éducation des élèves» (Gouvernement du Québec, 2001a, p. 133).

À l'opposé de cette approche professionnelle, il existe une approche technique de l'enseignement selon laquelle l'acquisition de techniques et de méthodes d'enseignement suffit pour enseigner. Il s'agit alors de savoir comment faire et appliquer la bonne recette au bon moment. Quelqu'un qui enseigne comme un technicien possède peu d'autonomie pour choisir ses moyens d'intervention. La plupart du temps, il exécute des décisions prises par d'autres, par exemple les maisons d'édition qui élaborent des manuels scolaires et des cahiers d'exercices, les directions d'école ou les parents. Une telle approche technique ne suffit pas pour répondre aux exigences actuelles de l'enseignement où les classes sont hétérogènes. En fait, le personnel enseignant ne peut se contenter d'appliquer des recettes toutes faites ou une approche technique de l'enseignement. Les enseignantes et enseignants sont plutôt appelés à agir en professionnels de l'enseignement capables d'adapter leur pratique en fonction de situations éducatives complexes. Voilà la raison pour laquelle on leur demande bien davantage qu'à des techniciens.

Nous allons voir maintenant que la société attend encore plus des enseignantes et enseignants que le fait… d'enseigner. Elle s'attend d'eux qu'ils participent à l'éducation des élèves. C'est d'ailleurs la raison pour laquelle, depuis le début de ce chapitre, nous traitons de finalités de l'éducation et pas uniquement de finalités de l'enseignement.

4.4. Les missions de l'école et le rôle social du personnel enseignant

Nous avons vu que les autorités éducatives déterminent les finalités de l'école selon l'état et les besoins de la société. C'est une constante des systèmes éducatifs, comme le démontrent les deux exemples suivants. Dans la Nouvelle-France, les enfants recevaient une éducation propre à en faire des catholiques, défenseurs de la colonie et loyaux sujets du roi ; dans les pays communistes, ils recevaient une éducation destinée à faire d'eux des communistes convaincus. Dans ces deux cas historiques, nous sommes davantage en présence d'un endoctrinement, car personne n'avait le choix de proposer autre chose comme finalité éducative. Le degré d'autorité n'est pas le même actuellement, mais il n'empêche que les finalités éducatives sont déterminées par les autorités éducatives et non par les enseignants. Ces finalités sont généralement présentées au début des programmes auxquels elles donnent un sens et une orientation générale. Ainsi, dans son énoncé de politique de 1997, *L'école tout un programme*, le ministère de l'Éducation présentait les finalités du système de scolarité obligatoire sous forme de trois missions de l'école : instruire, socialiser et qualifier les élèves. Le terme *mission* n'est pas choisi au hasard : il donne un sens profond à l'école et montre que la réalisation de ces missions ne peut avoir lieu sans un engagement professionnel du personnel enseignant aux plans individuel et collectif. Les versions du Programme de formation de l'école québécoise qui s'adressent au préscolaire, au primaire et au secondaire reprennent ces trois missions en les spécifiant chaque fois, compte tenu du niveau d'enseignement auquel elles sont spécialement destinées.

4.4.1. Instruire

La première mission de l'école est de transmettre et de faire acquérir des connaissances. Au préscolaire et au primaire, il s'agit de connaissances de base essentielles pour continuer à apprendre. Ces connaissances vont se diversifier et devenir plus complexes au secondaire. Dès le primaire, cependant, on rappelle que ce qui compte, c'est la formation de l'esprit des élèves autant que la maîtrise des savoirs. En plus, au secondaire, les élèves doivent être amenés à aller chercher des connaissances par eux-mêmes, aussi bien dans l'école qu'à l'extérieur.

Cette mission de l'école est bien connue : on va à l'école pour apprendre des contenus et le personnel enseignant est là pour encadrer cet apprentissage. Ainsi, quand on se perçoit comme une enseignante professionnelle ou un enseignant professionnel, on va tout mettre en œuvre pour favoriser l'accès aux connaissances chez les élèves et pour développer leur esprit critique. Cela implique qu'on maîtrise soi-même un certain nombre de connaissances et qu'on se tient au courant du développement de celles-ci. Cela implique aussi qu'on se considère comme un «*passeur culturel», qu'on croit au pouvoir de l'école de donner à tous l'accès aux connaissances essentielles et qu'on croit aussi que les jeunes peuvent apprendre.

4.4.2. Socialiser

La deuxième mission de l'école est de socialiser les élèves, de leur apprendre à vivre avec les autres, à respecter des valeurs communes, à développer un sentiment d'appartenance, à être solidaires. Dans ce cas, l'école est considérée comme une microsociété dont l'apprentissage des règles favorise l'insertion dans la société plus large. Il s'agit d'apprendre à mieux vivre ensemble en même temps qu'on s'approprie les connaissances prévues dans les programmes. Cet apprentissage vise à préparer les jeunes à devenir des citoyens responsables dans la société démocratique qu'est le Québec. On voit ici que la finalité est nettement sociale.

C'est ainsi que l'école a pour mission de former des personnes, de les aider à développer des valeurs comme le respect, des comportements comme la communication appropriée selon les circonstances et pas seulement d'apprendre des contenus notionnels. La socialisation est fondamentalement un apprentissage de la citoyenneté et une préparation à la vie partagée avec les autres dans un espace commun. C'est la raison pour laquelle la réforme a inscrit le vivre-ensemble et la citoyenneté dans un domaine général de formation, c'est-à-dire l'une des grandes thématiques à aborder par tout le personnel enseignant.

Année après année, les sondages lors de la rentrée des classes montrent que les Canadiens souhaitent que le respect des autres soit transmis à l'école en priorité aux enfants, les leurs et ceux des autres. Le respect est d'ailleurs une valeur très présente dans les discours du personnel enseignant et administratif lorsqu'on parle de préparer les jeunes à vivre dans la société. Alors qu'au niveau préscolaire la socialisation constitue essentiellement un apprentissage de la vie avec les autres, au primaire elle se fait en même temps que l'apprentissage de notions nouvelles. Au secondaire, la socialisation vise, en plus, à rendre les élèves davantage conscients et respectueux des différences individuelles de façon à favoriser l'inclusion de tous et à éviter le rejet des personnes qui paraissent différentes ou *marginales. Le personnel enseignant professionnel doit tout faire pour que cette socialisation ait lieu d'abord dans la salle de classe et ensuite dans l'école. Ce n'est pas en ajoutant de nouvelles connaissances qu'il le fait, mais en organisant l'enseignement de façon que les élèves respectent les consignes, s'écoutent mutuellement, apprennent à se faire confiance et à avoir confiance en leurs pairs, travaillent en équipes, participent à des discussions, s'impliquent dans l'école et dans la communauté. L'apprentissage coopératif est un exemple de stratégie d'enseignement qui vise le développement intellectuel tout en apprenant à travailler ensemble dans des groupes hétérogènes. C'est une approche qui est d'ailleurs au centre de la pédagogie des écoles alternatives depuis plusieurs décennies et qui est mise en œuvre à grande échelle maintenant.

4.4.3. Qualifier

La troisième mission de l'école est de qualifier les jeunes selon des voies qui correspondent à leurs intérêts et à leurs aptitudes. En raison des besoins différents des élèves, il n'y a pas qu'un seul modèle de formation scolaire de même qu'il n'y a pas qu'une seule voie de réussite dans l'école. Le système scolaire propose à tous les élèves des notions de base qui leur permettent de continuer leur scolarité au-delà du secondaire et il propose aussi des formations professionnelles au secondaire. La mission de la qualification suppose, en effet, une préparation à l'insertion sociale et à l'emploi à court terme ou à moyen terme. Cela implique que les écoles proposent différents cheminements de formation pour correspondre aux besoins et aux capacités de tous les jeunes de façon qu'aucune personne ne soit exclue du système scolaire et de la vie sociale. Cette mission apparaît sans doute de manière évidente comme étant du ressort du secondaire, mais il faut savoir qu'au primaire et au secondaire, elle vise à développer les aptitudes nécessaires pour réussir le parcours scolaire, quelle que soit la situation particulière de l'élève, ainsi qu'à faire des liens entre l'école et la vie en société. Le personnel enseignant a la responsabilité d'aider les élèves à s'orienter vers des voies qui leur permettent des apprentissages réels et une intégration sociale future grâce à un emploi. Il doit veiller à adapter les interventions aux divers types d'élèves, sans exclure personne. Il doit aussi être attentif à toutes les formes de rejet dont pourraient être victimes des élèves, qu'ils présentent ou non des différences, de quelque nature que ce soit.

L'école québécoise confie donc à son personnel enseignant le mandat d'instruire, de socialiser et de qualifier les élèves. Elle s'attend à ce que les enseignantes et enseignants fassent tout ce qui est en leur pouvoir pour réaliser ces trois missions, dans tous leurs gestes quotidiens, des plus petits aux plus grandioses. C'est dire à quel point le rôle d'éduquer est important dans la société.

4.5. Vers une éthique du service public dans l'enseignement

La profession enseignante s'exerce dans un domaine qui est de la plus haute importance pour la société : l'école participe à la formation des futurs adultes, des citoyens de demain. Si le gouvernement prend des décisions pour orienter cette formation, c'est parce que la société future dépend largement des conséquences de ces décisions. Par exemple, avec la création des cégeps en 1967, un grand nombre de jeunes des régions ont pu continuer leurs études après le secondaire et obtenir un diplôme technique spécialisé pour accéder au marché du travail ou un diplôme général pour aller ensuite à l'université. Le nombre de techniciens et de diplômés universitaires québécois a alors considérablement augmenté, ce qui était essentiel pour le développement de la société. C'est pourquoi, même si un individu fait ses études en vue d'un diplôme qui reconnaît ses compétences, l'éducation n'appartient à personne en particulier. Elle est une richesse collective à développer, autrement dit un bien public partagé entre tous les citoyens. On devrait même dire que c'est un bien précieux, essentiel à la société.

Le personnel enseignant partage la responsabilité du service public qu'est l'école avec bien d'autres professionnels comme les infirmières scolaires ou les psychologues scolaires, par exemple, ainsi que les administrateurs scolaires aux niveaux local, régional et national. Toutes ces personnes travaillent au service public qu'est le système scolaire. Elles sont toutes responsables du fonctionnement de ce système et elles sont toutes concernées par les finalités éducatives de l'école. Mais, parmi ces personnes, les enseignantes et enseignants sont les premiers concernés, parce qu'ils interviennent directement et quotidiennement auprès des jeunes de la classe et que les conséquences de leurs interventions auprès de leurs élèves sont déterminantes. Il est donc de leur devoir professionnel de travailler dans le sens des finalités visées par le système scolaire. La mission de l'école donne sens à leur travail ; elle se trouve donc au fondement de leur éthique professionnelle.

En somme, la profession enseignante n'est pas n'importe quelle profession. C'est une profession largement encadrée et reconnue par la société. Les enseignantes et enseignants ont une influence marquante sur les jeunes qu'ils instruisent, socialisent, qualifient selon le mandat qu'ils ont reçu de la société. Ils ne font pas qu'enseigner au sens de transmettre des connaissances ; en plus, ils forment les jeunes d'aujourd'hui et les adultes de demain. La société reconnaît leur importance et les exigences de leur fonction. Elle s'attend à ce qu'ils soient conscients de l'importance de leur travail auprès des jeunes et qu'ils s'engagent pour le développement de ceux-ci, ce qui entraîne des répercussions sur la société tout entière. Tout cela demande des enseignantes et enseignants d'agir en tant que professionnels responsables.

■ QUESTIONS D'APPROFONDISSEMENT ET DE DISCUSSION

1. Relevez les diverses finalités éducatives présentées dans ce chapitre. Laquelle correspond le mieux à votre conception de l'éducation ?

2. Que signifie être enseignante ou enseignant pour vous ? Comment présenteriez-vous votre profession à une personne que vous venez de rencontrer ?

3. Quelles différences existe-t-il entre éduquer et enseigner ? Vous considérez-vous plus près du pôle enseignement ou du pôle éducation ? Pourquoi ? Comment cela touche-t-il le sens de votre travail au quotidien ?

4. Quelles sont les caractéristiques d'un professionnel dégagées dans ce chapitre ? Expliquez-les.

5. Dans votre expérience de l'enseignement, donnez un exemple d'intervention visant à instruire, un autre visant à socialiser et un dernier visant à qualifier les élèves.

6. Si l'école est un bien public, voyez-vous d'autres biens publics dans notre société ? Qu'est-ce que la notion de bien public signifie pour les interventions des personnes qui travaillent dans ces domaines ?

ATELIERS

ATELIER 1.
TRAVAIL EN ÉQUIPE : À QUOI ÇA SERT, D'ALLER À L'ÉCOLE ?

- **Première étape**

  Diviser la classe en équipes de quatre personnes.

- **Deuxième étape**

  Dans chaque équipe, choisir ou tirer au sort les personnes qui joueront l'un ou l'autre des quatre rôles suivants : un élève de douze ans, son père, sa mère, la directrice de l'école où il doit entrer en première année du secondaire. L'enjeu de la situation est de répondre au refus de l'élève d'aller à l'école parce que pour lui, « L'école, ça sert à rien ! », en lui expliquant les finalités de l'éducation.

- **Troisième étape**

  Faire un retour en grand groupe sur les situations et les arguments dégagés.

ATELIER 2.
TRAVAIL EN ÉQUIPE : UN TEXTE À LIRE À L'ÉCOLE

- **Première étape**

  Diviser la classe en plusieurs équipes.

- **Deuxième étape**

  À l'intérieur de chacune des équipes, une personne est chargée de se concentrer sur la mission d'instruction de l'école, une autre sur celle de la socialisation et une autre sur celle de la qualification.

  Chaque équipe assume la responsabilité d'examiner comment une enseignante ou un enseignant qui donne un texte à lire à ses élèves peut se préoccuper des trois missions de l'école. Quelles sont les mesures concrètes mises en œuvre ? Pour quelles raisons ?

- **Troisième étape**

  Mettre ces solutions en commun et en discuter avec la classe.

POUR ALLER PLUS LOIN

Les finalités de l'école et de l'éducation :

Meirieu, Philippe (2011). *Faire l'École, faire la classe*, 3e éd., Issy-les-Molineaux, ESF.

CHAPITRE

5

Les valeurs professionnelles du personnel enseignant

Intentions pédagogiques

Après avoir lu ce chapitre et discuté de son contenu, vous devriez être en mesure de :

- préciser le sens du terme *valeur* utilisé en éthique ;
- distinguer les valeurs personnelles, les valeurs professionnelles et les valeurs sociales ;
- reconnaître les valeurs professionnelles des enseignantes et enseignants dans les différentes dimensions de leur tâche ;
- être sensibilisé à l'éventualité de conflits de valeurs dans la vie professionnelle ;
- connaître les caractéristiques de la délibération éthique comme mode de prise de décision dans une situation où se présente un problème éthique.

La question des valeurs se trouve au cœur de l'éthique. Quand on parle d'éthique, c'est toujours en se référant à des valeurs, bien que ces dernières ne soient pas toujours très clairement définies. La démarche éthique se présente, en effet, comme une recherche de vie meilleure à l'aide de valeurs partagées et d'un idéal à optimiser en l'actualisant dans la pratique.

Si on remarque que la demande d'éthique s'exprime dans de nombreux domaines de nos sociétés modernes, on peut observer un appel général à davantage de valeurs dans la vie personnelle, la vie professionnelle et la vie sociale. Les professionnels sont particulièrement interpellés par cette demande en raison des conséquences de leurs interventions effectuées sur les personnes dans le cadre de la relation professionnelle. C'est dans ce contexte que l'éthique et les valeurs qui lui sont liées peuvent contribuer à soutenir la qualité de la vie professionnelle dans les milieux éducatifs.

La religion, la morale, l'éthique et le droit sont des régulations sociales qui s'appuient sur des principes, des normes et des valeurs. Bien qu'elles puissent s'avérer différentes, les valeurs en jeu sont des référents pour le jugement et pour l'action. Elles aident ainsi à prendre des décisions et à mener sa vie. C'est ce qui est illustré par la figure 1.

Figure 1
Les valeurs au centre des régulations sociales

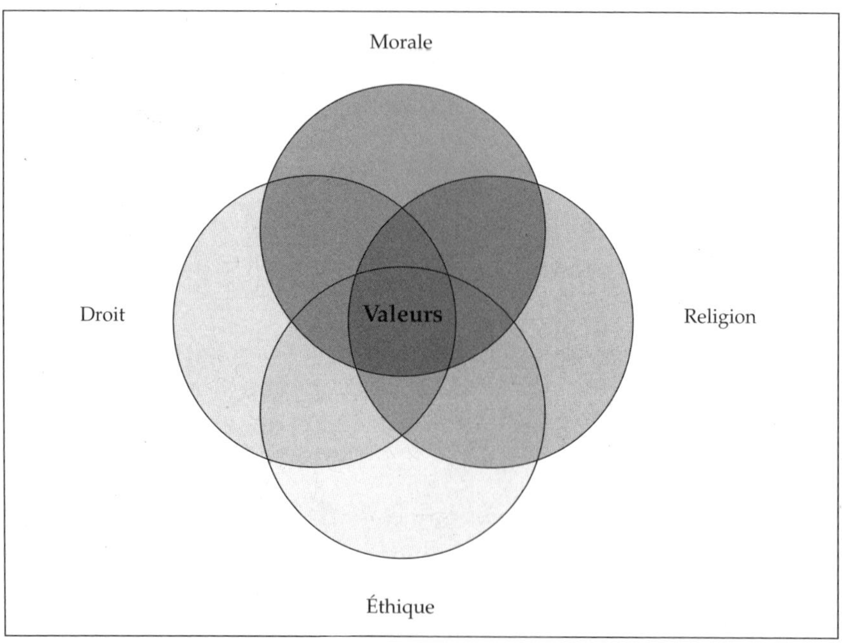

Nous allons envisager, dans ce chapitre, les valeurs auxquelles les enseignantes et enseignants peuvent recourir pour prendre des décisions éthiques et comment ils peuvent le faire. Pour commencer, nous allons définir sommairement ce que sont les valeurs.

5.1. Définition du concept de valeur

Les valeurs sont d'abord des éléments d'un idéal de vie humaine considéré comme bon ou meilleur. Elles servent de référent pour apporter plus d'humanité à notre monde, pour respecter davantage les personnes. Plusieurs définitions existent pour spécifier la signification du terme valeur. Legendre (2005, p. 1430-1431), dans son *Dictionnaire actuel de l'éducation*, indique qu'on peut relever que les valeurs constituent un idéal partagé. Constitué d'éléments essentiels à une personne, à une organisation, à un groupe social, à une société, cet idéal comprend des manières d'être ou d'agir, considérées comme durables et désirables, personnellement ou socialement préférables à leur contraire. Par ailleurs, les valeurs peuvent être classées sous différentes rubriques. Ainsi, les valeurs peuvent être morales comme la générosité, sociales comme la solidarité, écologiques comme le développement durable, intellectuelles comme la curiosité intellectuelle ou esthétiques comme la beauté.

Très souvent, on se réfère au domaine moral quand on envisage des valeurs. Dans le domaine moral, on appelle vertus les qualités morales développées par les personnes. Cela nous montre que, pour exister pleinement, les valeurs doivent être incarnées, c'est-à-dire vécues par des personnes et exprimées dans des actes observables et reconnaissables. Ainsi, la générosité n'existe comme valeur que parce que des personnes sont généreuses, par exemple en partageant leur temps, leurs talents ou leurs ressources auprès des autres, auprès de personnes dans le besoin.

5.1.1. La composante affective des valeurs

Les valeurs possèdent une composante affective importante, car elles sont proches des convictions ou des croyances : on pense qu'il vaut la peine de les défendre et même de faire des sacrifices pour elles. C'est la raison pour laquelle le philosophe de l'éducation Olivier Reboul définit la valeur de la façon suivante : « Est valeur ce qui *vaut la peine*, c'est-à-dire ce qui mérite qu'on lui sacrifie quelque chose » (Reboul,

2010a). Les valeurs correspondent ainsi à une aspiration à un monde meilleur, à des croyances intimes qui peuvent être assez profondes et qu'on défend avec émotion. Il est parfois difficile de discuter calmement de valeurs. Cela explique pourquoi les conflits de valeurs sont si déchirants et si difficiles à vivre. Cependant, tout ne peut pas être considéré comme une valeur sous prétexte qu'on y croit ou qu'on le vit.

5.1.2. Les valeurs et les normes

Les valeurs sont souvent confondues avec des normes, c'est-à-dire des règles de comportement. Les règles disent ce qu'il faut faire ou ne pas faire, alors que les valeurs disent au nom de quoi il faut suivre les normes. Ainsi, les règles de discussion dans une classe indiquent que chacun parle à son tour et que les insultes ne sont pas tolérées. C'est en vertu d'une valeur, le respect des personnes, qu'elles sont établies par les enseignantes et enseignants. La valeur peut alors être vue comme se situant au fondement des normes. Mais elle peut aussi être considérée comme un idéal qu'on valorise et qu'on désire actualiser dans la pratique concrète.

5.1.3. Les valeurs désirées et les valeurs vécues

Les valeurs représentent un idéal de vie qui n'est jamais atteint, mais vers lequel il est possible de tendre et cheminer. Entre les valeurs que l'on désire vivre et celles que l'on vit réellement, il arrive qu'un écart soit observé. Le pédagogue Claude Paquette (2002) distingue la théorie professée de la théorie assumée: on peut tenir un discours (théorie professée) et ne pas le traduire en conduites dans la réalité concrète (théorie assumée). Il propose alors de classer les valeurs en deux catégories: les valeurs de préférence, un idéal dont on fait la promotion, et les valeurs de référence, celles qui sont effectivement vécues dans la réalité quotidienne, l'équivalent de la théorie assumée. L'idéal est d'harmoniser le plus possible les valeurs de nos discours et les valeurs de nos pratiques concrètes. Si nous considérons que la démocratie, par exemple, est une valeur importante en éducation, nous pouvons nous demander comment l'actualiser dans la salle de classe de manière concrète avec les élèves afin qu'ils puissent effectivement développer des comportements de démocrates et des attitudes favorables à la démocratie.

5.2. Les niveaux de valeurs

Il existe différents types de valeurs auxquelles chaque personne peut se référer selon qu'elle se considère comme un individu isolé ou comme un élément d'un groupe social auquel elle appartient. Ainsi le courage physique peut être particulièrement valorisé dans un groupe de sportifs, ou la solidarité dans une association communautaire. Le groupe professionnel fait partie de ces groupes qui partagent des valeurs communes auxquelles on peut se reporter pour l'intervention. C'est pourquoi nous allons maintenant examiner les types de valeurs auxquelles les enseignantes et enseignants comme professionnels peuvent avoir recours pour guider leurs interventions et leurs relations. Trois catégories de valeurs seront analysées: les valeurs personnelles, les valeurs professionnelles et les valeurs sociales. La figure 2 illustre comment les enseignants sont porteurs à la fois de valeurs comme personnes particulières, comme professionnels de l'enseignement et comme citoyens du Québec.

Figure 2
Les niveaux de valeurs du personnel enseignant

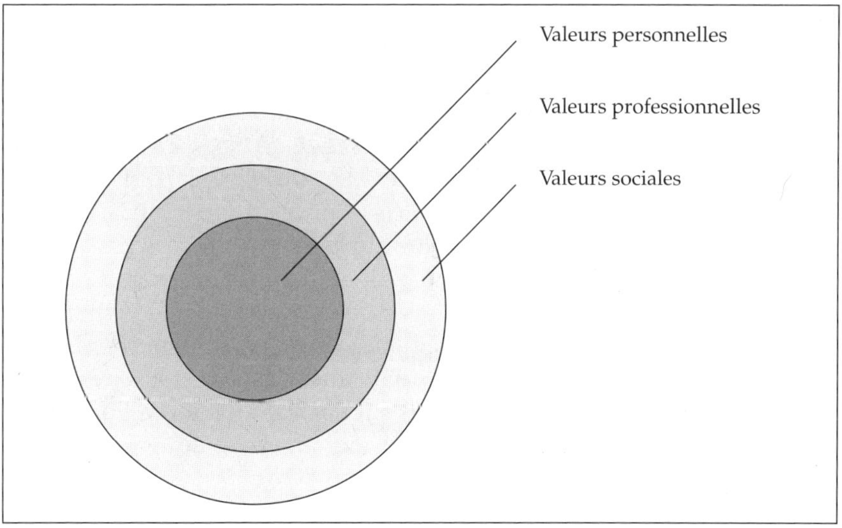

5.2.1. Les valeurs personnelles

Les valeurs personnelles sont acquises en grande partie pendant l'enfance par l'éducation familiale. Dans certaines familles, c'est l'honnêteté qui est considérée comme la valeur essentielle; dans d'autres, ce sera plutôt la solidarité et l'entraide. Dans certains cas, les valeurs familiales peuvent comprendre des valeurs religieuses. Les valeurs personnelles sont les valeurs auxquelles on se réfère automatiquement, sans y penser, parce qu'elles ont été intégrées depuis longtemps et bien avant qu'on ait eu la possibilité de les contester ou de les critiquer. Parmi ces valeurs se trouvent aussi celles qui ont été acquises plus tard auprès de personnes significatives comme des amis, d'autres membres de la parenté, des enseignantes et enseignants. Bien qu'elles ne soient pas toujours explicites, les valeurs personnelles peuvent être déterminantes dans les choix de vie. Elles ont d'ailleurs beaucoup d'importance dans la construction de la personnalité de chaque individu, car elles participent en grande partie à l'identité de la personne et à ce qu'elle désire devenir. Dans la société québécoise où les personnes et leurs droits sont importants, les valeurs sont le plus souvent perçues comme des choix individuels. Ce n'est pas le cas dans des sociétés traditionnelles où, au contraire, les valeurs sont surtout sociales: ce sont celles de la famille, du village, du clan, de la tribu ou de l'ethnie.

Les enseignantes et enseignants sont habités par des valeurs personnelles qui peuvent colorer leur conception de leur profession et leurs façons d'enseigner, qu'ils en soient conscients ou non. C'est un phénomène particulièrement observable dans le cas des familles d'enseignants. Il est donc important pour chaque enseignante ou enseignant de prendre le temps de réfléchir à ses valeurs personnelles pendant sa formation et avant de commencer à enseigner, de façon à s'assurer que celles-ci ne soient ni en opposition avec celles de la société qui lui donne le mandat d'enseigner ni avec celles de sa future profession (Desmeules, 2000). Un enseignant, par exemple, qui place la liberté personnelle au-dessus de toute autre valeur aura de la difficulté à exercer la profession enseignante. En effet, l'exercice de sa profession lui demandera de travailler dans un milieu très réglementé où on s'attend non seulement à ce qu'il respecte ses règles, mais aussi qu'il les fasse respecter par les élèves. L'exercice de réflexion sur ses valeurs devrait donc être préalable au choix de la carrière en enseignement et être repris périodiquement en cours de carrière. Il sera même essentiel en cas de *dilemme éthique, comme nous le verrons plus loin dans ce chapitre.

5.2.2. Les valeurs professionnelles

Les valeurs professionnelles sont en quelque sorte des valeurs intermédiaires entre les valeurs personnelles et les valeurs sociales puisqu'elles ne concernent qu'un groupe social particulier, celui des professionnels.

De plus, elles sont en partie spécifiques à chaque profession ; les valeurs professionnelles des enseignantes et enseignants ne sont pas tout à fait les mêmes que celles des dentistes ou des arpenteurs-géomètres. Les valeurs professionnelles qui sont partagées par les membres d'une même profession déterminent une grande part de leur éthique professionnelle. Par exemple, nous avons vu que dès l'Antiquité, le serment d'Hippocrate a servi à préciser des valeurs essentielles pour les médecins, auxquelles ces derniers continuent d'ailleurs à faire référence. Les valeurs professionnelles sont acquises par les nouveaux professionnels lors de leur formation initiale et surtout grâce à l'exemple de leurs pairs expérimentés. Elles sont généralement inscrites dans les textes fondateurs des associations et des ordres professionnels comme des principes de base destinés à orienter les interventions. Elles définissent ainsi en grande partie l'esprit de chaque profession. Plus elles sont claires, connues et diffusées parmi les membres de la profession, plus elles permettent aux professionnels de les vivre dans leur travail et d'être reconnus comme porteurs de valeurs spécifiques. Les valeurs professionnelles communes constituent un élément important de cohésion dans les groupes. D'ailleurs, les groupes ont la responsabilité de déterminer eux-mêmes leurs valeurs professionnelles et de les vivre au quotidien dans l'exercice professionnel.

Comme professionnels, les enseignantes et enseignants peuvent recourir au texte de la *Loi sur l'instruction publique*, à des codes d'éthique locaux, quand ils existent, et à des principes généraux contenus dans certains textes du ministère de l'Éducation, du Loisir et du Sport du Québec pour déterminer leurs valeurs professionnelles, mais ils ne disposent pas actuellement d'un texte officiel à ce sujet. Nous verrons plus loin dans ce chapitre comment il peut être possible de préciser leurs valeurs professionnelles.

5.2.3. Les valeurs sociales

Les valeurs sociales sont les valeurs largement partagées dans l'ensemble de la société, bien que des personnes puissent individuellement se distancier d'elles en étant *dissidentes ou marginales. La société québécoise est caractérisée par les valeurs chrétiennes qui ont été à la base de sa fondation et qui, depuis ce temps, se sont transmises par l'éducation, les coutumes et le droit. Le respect des personnes et de leurs droits individuels est même intégré dans sa *Charte des droits et libertés de la personne*. Plusieurs tentatives ont été faites pour décrire les valeurs sociales communes au Québec. L'expression la plus aboutie de ces valeurs se retrouve dans l'énoncé des principales valeurs de la société québécoise émis par le gouvernement du Québec (2008). Explicitées pour le bénéfice des immigrants et des communautés culturelles, elles concernent cependant la population du Québec dans son entier. Ces valeurs reflètent la société québécoise du XXIe siècle inscrite depuis plus de 400 ans dans l'histoire : la nécessité de parler français ; la liberté et la démocratie ; la laïcité de l'État ; le pluralisme de la société ; l'égalité des hommes et des femmes ; le respect des droits et libertés d'autrui et du bien-être général dans l'exercice de ses propres droits et libertés. La fonction de socialisation de l'école amène notamment à l'acquisition de ces valeurs communes nécessaires pour vivre dans la société québécoise.

Les enseignantes et enseignants ne peuvent se situer totalement en dehors des valeurs de la société dans laquelle ils travaillent sans risquer le malaise ou même l'incohérence. Pour assumer leur rôle, il leur faut eux-mêmes être plutôt en accord avec les valeurs que la société leur demande de faire acquérir aux élèves. Un enseignant ne pourrait pas, par exemple, faire la promotion de la violence ou de la liberté absolue, car ces réalités sont en contradiction totale avec le respect des personnes et la responsabilité qui sont des valeurs sociales importantes au Québec. L'éducation aux valeurs s'avère une tâche particulièrement délicate quand les élèves proviennent d'autres cultures où les valeurs sont très différentes de celles du Québec. On peut penser aux cultures où le groupe est plus important que les personnes ou bien encore aux pays où les droits individuels ne sont pas respectés. Disons que justement dans ces cas, le rôle de socialisation de l'école est encore plus nécessaire et l'implication des enseignants avec les élèves et leurs familles en ce qui concerne l'éducation aux valeurs sociales d'autant plus précieuse.

L'école est un lieu d'intégration sociale important et cette intégration passe par une éducation aux valeurs sociales. Cette éducation aux valeurs sociales peut prendre plusieurs formes : le respect de la personne et la reconnaissance réciproque de l'autre, l'éducation à la citoyenneté, le fonctionnement démocratique de la classe. Tous les membres du corps enseignant du primaire et du secondaire sont concernés par les valeurs sociales portées par l'école. Ce n'est pas le rôle exclusif des enseignantes et enseignants qui enseignent les programmes d'éthique et culture religieuse ou d'histoire et éducation à la citoyenneté. Ainsi que l'ont noté des philosophes de l'éducation comme John Dewey et Olivier Reboul, il n'y a pas d'éducation sans valeurs. Les enseignantes et enseignants jouent donc un rôle de premier plan par rapport à la promotion des valeurs de la société transmises à l'école. Ils ont à cet égard une responsabilité sociale et éducative importante à laquelle ils ne peuvent pas se soustraire.

5.3. Les valeurs professionnelles du personnel enseignant

Il est temps de présenter de façon synthétique l'ensemble des valeurs professionnelles que nous avons abordées depuis le début de ce livre et qui se retrouvent presque dans chaque chapitre. Cela montre bien à quel point les valeurs sont centrales en éthique professionnelle. On retrouve ces valeurs au tableau 12.

Tableau 12
Les valeurs professionnelles du personnel enseignant

- En premier lieu, le respect des personnes et la sauvegarde de leur dignité dans l'enseignement. Le respect des élèves est un des fondements de l'éthique professionnelle enseignante. Ce respect va au-delà de la considération des droits des personnes. C'est un souci éthique, une considération de chaque personne dans ce qu'elle a d'unique, une façon de tenir compte de sa liberté et de sa responsabilité. De plus, nous verrons au neuvième chapitre que le personnel enseignant travaille aussi avec tout un ensemble de personnes également dignes de respect comme les collègues, tous les membres du personnel scolaire et les parents des élèves;
- En deuxième lieu, le respect des lois et des droits individuels garantis par les lois et les chartes qui s'appliquent partout, y compris à l'école;
- En troisième lieu, le respect du contrat social qui lie le personnel enseignant au ministère de l'Éducation, du Loisir et du Sport. Il implique un engagement professionnel pour instruire, socialiser et qualifier les jeunes. Leur responsabilité est engagée à ce sujet, en ce qui concerne les moyens pris pour y parvenir, mais pas en ce qui concerne les résultats, comme nous l'avons déjà indiqué;
- En quatrième lieu, la responsabilité de l'utilisation du pouvoir nécessaire pour intervenir. Par rapport à leurs élèves, les enseignantes et enseignants sont tenus à l'*impartialité, qui est une forme de justice dans l'intervention, à la discrétion, qui est une forme de respect de la vie privée, à l'*empathie, qui est une forme d'amour;
- En cinquième lieu, diverses valeurs liées au respect du savoir: la curiosité intellectuelle, le goût de la recherche et de l'effort, le sens critique, le respect de la vérité, l'honnêteté intellectuelle et le respect du travail d'autrui.

À la base de ces valeurs, il existe une valeur fondamentale qui fonde l'éducation et tous les métiers et professions liés à cette tâche. C'est la foi en l'éducation, justement. Personne ne peut enseigner sans croire en l'éducation, en la possibilité d'aider les personnes à se développer quels que soient leur situation ou leurs talents. Le pédagogue Philippe Meirieu (2011) a parlé à ce sujet du «pari d'éducabilité» que fait chaque membre du corps enseignant quand il met tout en œuvre pour aider les personnes à apprendre. Avant de parler des valeurs dans l'éducation, il faut reconnaître la valeur même de l'éducation.

5.4. Les conflits de valeurs

Vivre des valeurs professionnelles au quotidien n'a rien d'automatique. Non seulement il faut les connaître, mais en plus, il faut analyser, exercer son jugement, prendre des décisions en accord avec ces valeurs et plonger dans l'action. Les difficultés surviennent quand plusieurs valeurs sont en présence, qu'elles semblent s'opposer et qu'il faut néanmoins choisir parmi elles pour intervenir ; c'est ce qu'on appelle un conflit de valeurs.

Disons-le tout de suite, ces situations sont courantes à l'école. Elles entraînent du désarroi, de l'inquiétude et parfois de la solitude chez les personnes concernées. C'est pourquoi il importe de s'habituer à réfléchir aux valeurs avant d'intervenir et de le faire entre collègues pour prendre des décisions éthiques par rapport aux problèmes qui surviennent au cours de la vie professionnelle.

Nous avons vu que des valeurs de divers types peuvent orienter le travail du personnel enseignant. Il peut arriver que les enseignantes et enseignants se sentent tiraillés entre deux valeurs de niveaux différents au moment de prendre une décision. Pour plus de commodité et au risque de schématiser ce qui est très complexe dans la réalité, nous allons examiner dans le tableau 13 différents cas de figure relatifs aux conflits de valeurs.

Dans tous ces cas et ceux qui s'y apparentent, nous voyons que l'enseignante ou l'enseignant a un choix à faire entre des valeurs qui lui paraissent toutes aussi importantes les unes que les autres, mais qui sont en contradiction entre elles. Il doit donner priorité à une valeur aux dépens d'une autre pour être en mesure d'intervenir. S'il choisit ses valeurs personnelles, il peut encourir des critiques sévères de la part de son employeur ou même perdre son emploi. Mais s'il y renonce, il risque de compromettre son estime de soi et d'être malheureux. S'il choisit de respecter des valeurs sociales plutôt que des valeurs professionnelles, il peut perdre une partie de sa *conscience professionnelle. Le choix d'une valeur par rapport à une autre entraîne toujours une perte douloureuse. C'est la raison pour laquelle les enseignantes et enseignants vont plutôt tenter de concilier les diverses valeurs en

Tableau 13
Les cas de figure relatifs aux conflits de valeurs

1. Quand une valeur personnelle s'oppose à une valeur professionnelle

Dans ce cas, l'enseignante ou l'enseignant fait face à une valeur personnelle qui ne lui semble pas en accord avec son rôle éducatif. Par exemple, un enseignant du secondaire a des convictions morales qui lui font refuser l'avortement. Or il est tenu d'enseigner la reproduction humaine et de traiter de la contraception et de l'avortement.

2. Quand une valeur professionnelle s'oppose à une valeur personnelle

Dans ce cas, l'enseignante ou l'enseignant est appelé par sa profession à intervenir d'une façon qui ne correspond pas à ses valeurs personnelles. Par exemple, une enseignante croit à la valeur de la compétition comme motivation au dépassement alors que la réforme lui demande d'utiliser le plus possible des méthodes de coopération dans sa classe.

3. Quand une valeur professionnelle s'oppose à une valeur sociale

Dans ce cas, l'enseignante ou l'enseignant se fonde sur une valeur partagée dans sa profession, mais qui n'est pas socialement acceptée. Ce cas est plus rare, car les professions ne contestent pas, en général, l'ordre social. Par exemple, un enseignant en adaptation scolaire veut obtenir des services adaptés pour un élève en difficulté, comme son rôle le lui permet. Mais sa commission scolaire a mis des limites aux budgets de services complémentaires pour des raisons d'efficacité économique recommandées par le ministère de l'Éducation, du Loisir et du Sport.

4. Quand une valeur personnelle s'oppose à une valeur sociale

Dans ce cas, l'enseignante ou l'enseignant se trouve tiraillé entre le respect d'une valeur personnelle à laquelle il croit et celle que la société lui impose par l'intermédiaire de l'école. Par exemple, une enseignante croit en la liberté individuelle, mais elle est obligée par l'école de faire obéir à un règlement qui limite la liberté des élèves, tel le port d'un uniforme.

présence de façon à rester professionnels, de manière à se sentir cohérents avec eux-mêmes et avec leur profession dans la situation. En fait, il leur faut négocier un espace qui leur permet de faire leur travail de façon professionnelle, tout en se respectant et en respectant leur milieu de travail (Legault, 1999). Ils le font souvent comme ils peuvent, sans nécessairement s'appuyer sur une méthode particulière et souvent sans grand soutien de leur environnement.

Qu'est-ce que l'éthique professionnelle pourrait apporter dans ces situations ? D'abord, des valeurs professionnelles explicites sur lesquelles se fier pour prendre des décisions. Ensuite, une pratique de réflexion, d'analyse et de prise de décision avec des collègues fondée sur des méthodes éprouvées. Enfin, la possibilité de justifier les décisions prises devant les personnes concernées. Ces trois éléments sont présents dans le modèle de la délibération éthique qui va maintenant être présenté sommairement.

5.5. La délibération éthique comme mode de résolution des conflits de valeurs

Le modèle de la délibération éthique que nous présentons a été élaboré par l'éthicien Georges A. Legault (1999) pour aider les professionnels à prendre des décisions éclairées là où se posent des dilemmes éthiques. Il pourrait être très utile au personnel enseignant.

Commençons par préciser le sens du terme *délibération*. On dit qu'un juge ou un jury est en délibération quand il se retire pour délibérer, c'est-à-dire pour analyser les faits, revoir les témoignages et prendre une décision justifiée qu'il rendra de façon publique. Quand la délibération quitte le domaine du droit pour s'appliquer à l'éthique, on parle de délibération éthique. Une délibération a lieu lorsque la personne qui doit prendre une décision examine la situation, les conséquences possibles de sa décision sur les personnes concernées et les valeurs en jeu dans sa décision. Le but de la délibération est d'éclairer la prise de décision et les modalités d'action qui seront mises en œuvre ainsi que la communication de celles-ci aux personnes touchées par la situation. Cette méthode de travail vise la prise d'une décision éclairée et responsable. Elle ne propose pas de comportements particuliers, mais elle permet à des personnes ou à des groupes de chercher une solution à des situations difficiles ou inédites. Cette méthode sert à une démarche de prise de décision à propos d'un dilemme éthique. Les enseignantes et enseignants peuvent avoir à résoudre des dilemmes éthiques dans leur pratique, par exemple mettre ou ne pas mettre la note de passage lors d'une évaluation, utiliser ou non telle manière d'intervenir auprès d'un élève, accepter ou non la demande d'amitié Facebook d'une élève. Le tableau 14 présente les quatre phases de la délibération éthique avec leurs composantes.

Plusieurs éléments dans cette démarche de la délibération éthique méritent d'être retenus par les enseignantes et enseignants. D'abord, le fait que les conflits de valeurs sont inévitables et qu'il est préférable de trouver un moyen de les régler d'une façon *rationnelle plutôt que par des explosions émotives qui renvoient chacun à ses valeurs personnelles et ne règlent rien. Ensuite, l'idée confirmée par l'expérience que les conflits de valeurs sont plus aisément résolus par une analyse de groupe que dans la solitude. Les personnes peuvent alors se référer à des normes et à des valeurs collectives comme les valeurs professionnelles, qui donnent des indications sur l'idéal professionnel qu'on désire actualiser dans les pratiques. Puis, la constatation que la discussion

Tableau 14
La délibération éthique selon Legault (1999)

Phase I : Prendre conscience de la situation

À cette étape, les personnes examinent le contexte et les éléments du dilemme, par exemple qui sont les personnes concernées, quelles sont les conséquences positives ou négatives des choix éventuels sur ces personnes, sur les groupes ou les institutions. Elles déterminent toutes les règles, normes et lois qui peuvent s'appliquer à ce cas pour se rendre compte que, souvent, ces dernières ne suffisent pas pour prendre une décision éthique, car il ne s'agit pas simplement d'appliquer une règle de façon mécanique, sans examen approfondi. Cette analyse permet de ne pas prendre trop vite une décision, sous le coup de l'émotion, ce qui pourrait se révéler par la suite inapproprié ou injustifiable.

Phase II : Clarifier les valeurs conflictuelles de la situation

À cette étape, les personnes discutent des valeurs en cause dans la situation et cette discussion est bien souvent émotive, car chacun tient à ses valeurs. On entre alors en plein cœur du dilemme éthique puisqu'il ne s'agit pas d'une opposition entre un Bien et un Mal, mais entre des valeurs que les personnes estiment bonnes. Celles-ci nomment les valeurs qui pourraient les aider à agir et pas seulement celles qui sont abstraites et théoriques. Cette discussion amène à voir plus clairement quel est le conflit de valeurs, donc à clarifier les éléments du dilemme éthique.

Phase III : Prendre une décision éthique par la résolution rationnelle du conflit de valeurs dans la situation

À cette étape, les personnes choisissent de donner priorité à une valeur du conflit de valeurs. La valeur prioritaire permettra de prendre une décision, car c'est en son nom que l'on décidera. Décider, c'est accorder la priorité à une valeur, ce n'est pas rejeter l'autre valeur. On ne choisit pas entre deux biens, on choisit de mettre l'un en priorité par rapport à l'autre. La décision doit être rationnelle, c'est-à-dire que les personnes qui ont délibéré sur la décision à prendre doivent pouvoir l'expliquer, la justifier entre elles et devant les personnes concernées, tout comme le juge qui rend son verdict devant la Cour et devant la société. Ce n'est pas un coup de force de celles qui parlent le plus fort, c'est une décision collective. C'est à cette étape que les modalités de mise en œuvre de la décision sont élaborées en fonction de la valeur prioritaire et en tenant compte de la valeur secondaire. La valeur secondaire est prise en compte dans les modalités mises en œuvre pour actualiser la décision parce qu'elle a été importante tout au long de la délibération.

Phase IV : Établir un dialogue réel avec les personnes impliquées

À cette étape, les personnes présentent leur décision éclairée par les discussions et la réflexion qui ont mené à la prise de décision. Elles ne se contentent pas de dire : « Nous avons décidé ceci ou cela », mais elles expliquent les motifs de leurs choix, les arguments qui ont été retenus. Elles justifient leur décision aux personnes concernées. La décision n'est donc pas un choix *arbitraire.

sur les valeurs passe inévitablement par des moments plus émotifs, mais qu'elle ne s'y limite pas. Il faut en effet utiliser les ressources de la raison pour arriver à une décision commune justifiée. Enfin, le fait que les décisions prises doivent être communiquées et expliquées aux personnes concernées. En utilisant cette démarche, les enseignantes et enseignants peuvent s'habituer à résoudre ensemble les problèmes éthiques qui ne manquent pas de surgir dans leur pratique. Ils peuvent ainsi confirmer leurs valeurs professionnelles, se soutenir dans la résolution de dilemmes, présenter et justifier aux élèves, aux collègues, à la direction, aux parents leurs décisions éclairées. Ils développent alors leur compétence à analyser les situations et à prendre des décisions d'agir qu'ils pourront justifier.

Mais s'il n'est pas possible d'utiliser la démarche de délibération collective dans un milieu, cette démarche peut aussi servir de base à la délibération individuelle. Cette démarche, basée sur l'évaluation des conséquences en fonction de la qualité des relations qui sont en cause dans le dilemme et sur la prise de décision en fonction des valeurs à optimiser dans l'agir, peut sembler longue ou fastidieuse. Ce qui est important de retenir cependant, c'est qu'elle fournit un guide pour l'analyse de situations qui posent problème et pour la prise de décision qui mène aux modalités de l'agir professionnel. La délibération permet également d'avoir des bases ou des arguments pour justifier la décision.

Le modèle de prise de décision basé sur cette démarche de délibération situe bien ce qu'est l'éthique professionnelle. Se contenter de connaître quels comportements sont acceptables et lesquels sont inacceptables dans une profession, c'est agir en technicien pour qui une solution toute faite devrait correspondre à chaque problème susceptible de survenir. Agir en professionnel, c'est être capable d'analyser la situation ou le problème, de prendre la décision la plus appropriée dans les circonstances et de justifier son agir en fonction des finalités de son action.

■ QUESTIONS D'APPROFONDISSEMENT ET DE DISCUSSION

1. Répondez sans prendre le temps de réfléchir longuement à la question suivante : quelles sont vos valeurs personnelles ? Y avez-vous déjà réfléchi au cours de votre formation professionnelle ? Qu'est-ce que cet exercice vous apprend sur votre éthique professionnelle ?

2. Indiquez votre degré d'accord ou de désaccord avec les valeurs de la société québécoise qui ont été présentées dans ce chapitre en remplissant le tableau 15 ci-dessous.

Tableau 15
Les valeurs de la société québécoise

Les valeurs de la société québécoise	**Je ne suis pas du tout d'accord**	**Je suis assez d'accord**	**Je suis tout à fait d'accord**
La nécessité de parler français			
La liberté et la démocratie			
La laïcité de l'État			
Le pluralisme de la société			
L'égalité des hommes et des femmes			
Le respect des droits et libertés d'autrui et du bien-être général dans l'exercice de ses propres droits			

Qu'est-ce que cet exercice vous apprend sur vous-même ? Qu'en déduisez-vous sur l'éventualité de conflits de valeurs entre vos valeurs personnelles et celles de la société québécoise ? Que pensez-vous de votre rôle d'agent de socialisation auprès des élèves ?

3. Pensez-vous qu'il est possible pour une enseignante ou un enseignant de s'opposer à une norme de son école en s'appuyant sur ses valeurs personnelles ? Donnez des exemples pour expliquer votre réponse.

4. À votre avis, à quel type de valeurs un membre du corps enseignant devrait-il accorder la priorité quand il vit un conflit entre ses valeurs personnelles et des valeurs professionnelles ou sociales ?

5. Rappelez-vous une décision importante que vous avez prise dans une situation à l'école, déterminez auquel des quatre conflits de valeurs présentés au tableau 13 elle appartient et répondez rapidement en donnant votre solution spontanée par écrit. Puis mettez en œuvre toutes les étapes de la délibération éthique pour résoudre ce conflit. Notez vos réflexions à chaque étape et comparez les résultats avec votre première résolution émotive.

ATELIERS

ATELIER 1.
TRAVAIL EN ÉQUIPE : LES CONFLITS DE VALEURS

- **Première étape : divisez le groupe en quatre équipes**

  Relisez les quatre types de conflits de valeurs présentés en 5.4 et attribuez un conflit par équipe.

- **Deuxième étape : en équipe, répondez aux questions suivantes**
  - Quelles sont les valeurs présentées ?
  - Déterminez leur nature : sont-elles personnelles, professionnelles ou sociales ?
  - Déterminez ensemble quelle valeur devrait avoir la priorité et pour quelles raisons.

ATELIER 2.
TRAVAIL EN GROUPE : LES VALEURS PROFESSIONNELLES DU PERSONNEL ENSEIGNANT

- **Première étape**

  Réflexion individuelle : identifier quelques valeurs qui expriment le professionnalisme des enseignantes et enseignants.

- **Deuxième étape**

  Mise en commun des valeurs dégagées individuellement.

- **Troisième étape**

  Analyse des valeurs dégagées pour les définir et les organiser en catégories.

- **Quatrième étape**

  Mise en relief des valeurs professionnelles les plus significatives pour le groupe et justification des choix effectués.

POUR ALLER PLUS LOIN

L'importance des valeurs en éducation:

Jutras, France (2007). « La place et la fonction des valeurs dans le contexte éducatif », *Vie pédagogique*, vol. 143, p. 35-37.

Le mode de délibération sur des cas d'éthique:

Legault, Georges A. (1999). *Professionnalisme et délibération éthique*, Québec, Presses de l'Université du Québec.

CHAPITRE

6

L'intervention professionnelle en enseignement

Intentions pédagogiques

Après avoir lu ce chapitre et discuté de son contenu, vous devriez être en mesure de :

- relier l'intervention professionnelle du personnel enseignant aux finalités du système scolaire ;
- connaître les enjeux éthiques des divers types d'interventions professionnelles en enseignement ;
- reconnaître que les enseignantes et enseignants ont un pouvoir et un devoir d'intervenir auprès des élèves ;
- considérer les risques et les limites du pouvoir d'intervenir du personnel enseignant.

Au chapitre 4 consacré aux finalités éducatives, nous avons vu que la société attend de ses enseignantes et enseignants qu'ils participent activement à la formation des jeunes par leurs interventions visant à les instruire, à les socialiser et à les qualifier. Nous allons envisager maintenant comment cette fonction sociale importante peut être assumée le mieux possible en nous fondant sur l'éthique dans le domaine de l'enseignement (Desaulniers, 2000) et sur la conception professionnelle de l'enseignement inscrite dans les orientations actuelles de l'éducation.

6.1. Des interventions liées à des finalités

Le travail d'intervention du personnel enseignant est considéré comme une tâche importante pour le devenir ou l'avenir des personnes qui se trouvent sous leur responsabilité. Les effets de ce travail professionnel se font non seulement sentir au quotidien dans la classe, mais aussi à long terme. Les enseignantes et enseignants assurent le relais entre l'éducation familiale et l'insertion socioprofessionnelle des jeunes : ils contribuent à un développement graduel de la personne vers l'autonomie de la vie adulte – ce qui est l'une des grandes finalités de l'éducation. Leur intervention peut faire la différence dans l'apprentissage des jeunes et même dans leur vie. Chacun peut se souvenir en effet d'une enseignante ou d'un enseignant qui l'a marqué profondément, par exemple en lui ouvrant la porte vers un domaine nouveau ou en lui donnant confiance en soi. Malheureusement, le contraire arrive aussi. De nombreuses personnes se souviennent d'une enseignante ou d'un enseignant qui les a humiliées, blâmées ou punies injustement, ridiculisées ou même fait souffrir. En éthique professionnelle, on insiste sur le fait que les professionnels ont un pouvoir d'intervenir sur les personnes et que ce pouvoir ne doit pas être exercé par n'importe qui ou n'importe comment sans penser aux conséquences des gestes posés.

En général, l'éthique vise à protéger les personnes qui ont recours aux services des professionnels ou qui sont vulnérables à cause de l'inégalité de la relation. Parmi ces personnes se trouvent les enfants et les adolescents qui ont besoin des adultes pour grandir. Il faut ajouter que les jeunes ne sont pas seulement vulnérables en raison de leur âge, mais aussi en raison de leur situation d'élèves. Ils sont dépendants du personnel enseignant pour apprendre, pour réaliser des activités d'apprentissage, pour être évalués et pour progresser dans leur parcours scolaire. De plus, ils forment un public captif pendant toute la durée de leur scolarité obligatoire. Pour toutes ces raisons, les jeunes se trouvent dans une situation de dépendance par rapport au personnel enseignant. Cette situation ne leur est pas toujours facile à vivre et elle comporte certains risques éthiques que nous allons examiner dans ce chapitre et dans le chapitre 8 consacré à la relation pédagogique.

Comme nous l'avons vu précédemment, les enseignantes et enseignants interviennent en vue d'actualiser certaines finalités déterminées par le ministère de l'Éducation, du Loisir et du Sport. Ils le font tous les jours à travers leurs gestes quotidiens, comme le remarque le pédagogue Philippe Meirieu (2011). Ces finalités, qui donnent un sens à leurs interventions, permettent aussi de distinguer le rôle spécifique du personnel enseignant de celui des autres adultes qui ont un contact significatif avec les jeunes. Les enseignantes et enseignants interviennent pour instruire, socialiser et qualifier les élèves : c'est leur rôle spécifique. Leurs interventions sont différentes de celles des animateurs de loisirs qui favorisent le jeu et le divertissement ou de celles des entraîneurs sportifs dont l'objectif est l'excellence dans un sport, par exemple. Elles sont également différentes de celles des parents.

Bien que leurs talents et leurs goûts personnels colorent inévitablement leur travail, les enseignantes et enseignants ne peuvent déterminer à eux seuls le sens de leurs interventions professionnelles. Un enseignant professionnel ne peut intervenir en se fondant uniquement sur ses goûts personnels ou ses intérêts du moment, car ses interventions seraient alors totalement arbitraires et non professionnelles. Il ne peut pas non plus intervenir au nom de ses convictions politiques, morales ou religieuses, ou encore à contresens des orientations éducatives et didactiques ou même les critiquer devant les élèves ou leurs parents. Les motifs acceptables à la base des interventions des professionnels de l'enseignement ne sont donc pas des motifs personnels. Ils doivent être reliés aux finalités de l'école et de la profession enseignante, ainsi qu'aux finalités de l'enseignement des matières scolaires et du développement de la personne.

6.2. Les types d'interventions en enseignement

Dans leurs interventions, les enseignantes et enseignants posent des gestes très diversifiés : ils observent, ils écoutent, ils font des choix, ils organisent leur enseignement et leur matériel, ils donnent des explications, ils soutiennent, encadrent et évaluent les élèves, ils travaillent en équipe, etc. La liste des différents gestes qui composent leurs interventions professionnelles est très longue et serait probablement impossible à compléter, car le travail auprès de personnes en développement requiert la capacité de composer avec toutes sortes de circonstances et d'imprévus. On ne peut donc pas parler d'un nombre déterminé de tâches à accomplir, de problèmes à résoudre ou de situations rencontrées.

Cependant il est possible de regrouper les gestes professionnels du personnel enseignant en trois types généraux d'interventions : les interventions techniques, les interventions *cliniques et les interventions relatives au savoir. Chaque type d'intervention comporte ses propres exigences éthiques.

6.2.1. Les interventions techniques

Par interventions techniques, on entend tout ce qui concerne l'organisation, l'aide et l'encadrement de l'apprentissage que les enseignantes et enseignants mettent en place auprès des élèves. Par exemple, ils doivent agir pour faire apprendre leurs élèves, les orienter, les motiver, les encadrer et les soutenir. Dans tous ces cas, les enseignantes et enseignants se définissent comme des soutiens, des facilitateurs, des guides. Ils fournissent un support technique à l'élève qui apprend. La majorité des enseignants partagent cette conception de l'intervention où les enseignantes et les enseignants travaillent côte à côte avec l'élève, se mettent à sa disposition pour l'aider à apprendre (Jutras *et al.*, 2005). Au point de vue éthique, ce type d'intervention suppose que les enseignantes et enseignants sont disponibles et attentifs aux besoins des élèves, qu'ils connaissent un vaste répertoire de moyens pédagogiques et qu'ils sont capables de les utiliser en classe de manière adéquate, voire optimale. Sans être tous des spécialistes de l'adaptation scolaire, les enseignants doivent pouvoir adapter leurs méthodes à des élèves très différents ou même inventer des moyens particuliers pour répondre à des besoins particuliers ; il leur faut alors une boîte à outils professionnels riche et bien développée. C'est le défi de leur autonomie professionnelle. Une enseignante ou un enseignant limité à quelques moyens ne peut remplir ce rôle correctement ; il serait alors condamné à se répéter et à compromettre l'apprentissage des élèves.

Contrairement à ce qu'on pourrait croire au premier abord, les interventions techniques ne sont ni routinières ni automatiques. Elles exigent une attention soutenue aux besoins des élèves, de la souplesse dans le choix des moyens et de la créativité dans leur mise en place. Ce type d'intervention exige aussi une mise à jour continue dans le développement de moyens pédagogiques innovateurs comme le recours à des technologies et à des stratégies d'enseignement qui permettent des apprentissages significatifs. La formation continue est incontournable pour maintenir ses compétences dans le domaine des interventions techniques. En effet, les connaissances sur les processus d'apprentissage et le traitement de l'information sont en constante évolution. Elles permettent de mieux comprendre comment on apprend et d'utiliser ces nouvelles connaissances pour mieux organiser les activités d'apprentissage en classe. Mais pour les mettre en œuvre, il faut les connaître et savoir comment y avoir recours de manière adéquate.

6.2.2. Les interventions cliniques

En général, les interventions cliniques visent à soigner des personnes qui ont un problème ou une maladie. Les médecins, comme les psychologues, par exemple, font des interventions cliniques. L'intervention clinique repose sur un raisonnement appuyé par une démarche spécifique. La première étape est l'observation des signes de la maladie physique ou mentale chez la personne qui souffre. Puis vient la formulation d'une ou de plusieurs hypothèses de diagnostic que des examens viendront infirmer ou confirmer. L'étape suivante est l'établissement du diagnostic, qui permet d'identifier précisément le problème. À partir de ce moment, un remède ou un plan de traitement est proposé pour soigner la personne. Il faut aussi évaluer les effets du traitement et recommencer la démarche autant de fois qu'il est nécessaire.

Les interventions cliniques du personnel enseignant portent sur les obstacles rencontrés par les élèves dans leurs apprentissages à l'école. Comme les professionnels de la santé, les enseignantes et enseignants doivent observer les élèves, repérer des indices pour identifier le problème et proposer des solutions pour les aider à réussir leurs apprentissages et leur parcours scolaire. Mais, à la différence des médecins, les enseignantes et enseignants font des interventions sur des petits groupes et sur des groupes-classes, en plus d'intervenir individuellement auprès de tel ou telle élève. L'enseignement stratégique et la pédagogie différenciée constituent des formes d'interventions cliniques qui demandent aux enseignantes et enseignants d'exercer leur jugement, de prendre des décisions sur des modalités d'action, de les mettre en œuvre, d'évaluer leurs effets et de les expliquer aux personnes concernées, exactement comme un médecin qui décèle un problème de santé propose un médicament ou un plan de traitement et l'explique à son malade.

Bien sûr, les élèves ne sont pas des malades et les enseignantes et enseignants ne sont pas des médecins. Mais l'intervention clinique est essentielle dans le contexte scolaire, elle n'est pas optionnelle. Le rôle des enseignants est précisément de soutenir et d'accompagner le développement des compétences de chaque élève. Cela veut dire qu'ils doivent poser des gestes adaptés aux besoins différents de chacun des élèves et aussi de chacun des groupes d'élèves.

Au point de vue éthique, le personnel enseignant doit apprendre à maîtriser ce type d'intervention clinique qui lui donne une assez grande latitude et beaucoup de responsabilités, mais qui peut entraîner une certaine insécurité. Les enseignantes et enseignants du préscolaire et du primaire en contact toute la journée avec le même groupe d'élèves les connaissent forcément beaucoup mieux que les spécialistes du secondaire qui voient un grand nombre d'élèves chaque jour. Cependant, le développement des compétences relatives aux interventions cliniques se situe au cœur de l'enseignement et concerne toutes les enseignantes et tous les enseignants.

6.2.3. Les interventions relatives au savoir

Alors que les interventions techniques et cliniques sont centrées sur les élèves, les interventions relatives au savoir sont centrées sur la matière à faire acquérir par les élèves, c'est-à-dire sur les contenus des programmes. Bien que ces connaissances puissent être mises en relation avec les connaissances développées et enseignées dans les institutions d'enseignement supérieur que sont les universités, le savoir doit être contextualisé au niveau d'enseignement auquel il est destiné.

Pour beaucoup de personnes, l'idée d'intervention relative au savoir renvoie à l'enseignement traditionnel qui consiste à « passer la matière » par un exposé formel ou informel devant une classe. Même si les méthodes actives et les approches sociocognitives sont privilégiées dans l'enseignement actuel, les interventions relatives au savoir existent toujours, par exemple quand on fait un exposé, quand on explique un schéma sur une affiche, quand on lit et commente un texte, quand on donne un exemple, quand on résout un problème mathématique au tableau, quand on fait une démonstration scientifique, quand on encadre les recherches des élèves et leur apprentissage. Il existe de multiples façons de favoriser l'accès au savoir et son intégration par les élèves.

Au point de vue éthique, la maîtrise du contenu des disciplines d'enseignement et de leurs aspects didactiques est essentielle aux interventions relatives au savoir. Ces interventions exigent de solides connaissances, une capacité de les organiser de manière claire et cohérente et une maîtrise suffisante du français oral ou de la langue d'enseignement pour les présenter de façon adéquate aux élèves. Les interventions relatives au savoir visent généralement tous les élèves auxquels le même contenu est présenté en même temps, mais elles peuvent aussi s'adresser à de petits groupes ou aux individus.

Les trois types d'interventions professionnelles que nous venons de présenter répondent à des besoins différents et comportent des exigences éthiques particulières. Mais, pour que ces interventions puissent avoir lieu et porter fruit, il faut que le fonctionnement et l'ambiance de la classe le permettent. Une classe très bruyante, violente, agitée ne permet pas d'intervenir correctement. Il faut alors penser à l'amélioration de la gestion de la classe afin d'organiser un environnement pour apprendre. Cette amélioration peut être réalisée, par exemple, en planifiant l'enseignement de manière souple et adaptée au groupe, en instituant un conseil de coopération ou en mettant en place un code de vie. Une bonne ambiance de classe s'avère absolument nécessaire pour que les interventions des enseignantes et enseignants donnent des résultats et pour que les élèves apprennent à travailler et à vivre ensemble. Le contrôle du groupe fait partie du travail enseignant. Il faut cependant se rappeler que l'ordre et le calme, qui seront toujours relatifs dans une salle de classe, ne sont pas des fins en soi, mais plutôt des moyens pour favoriser le travail et l'apprentissage des élèves.

6.3. Le pouvoir d'intervenir et sa gestion responsable

Les enseignantes et enseignants interviennent auprès des jeunes, en vertu du mandat qui leur est confié par la société. En intervenant, ils exercent un certain pouvoir sur les jeunes et ce pouvoir est tout à fait légitime dans la mesure où il vise les finalités de l'école et permet d'apprendre. La *Loi sur l'instruction publique* est très claire à ce sujet. L'article 19 indique, comme nous l'avons déjà vu, parmi les droits des enseignants, celui de diriger les élèves: «Dans le cadre du projet éducatif de l'école et des dispositions de la présente loi, l'enseignant a le droit de diriger la conduite de chaque groupe qui lui est confié.» Et tout de suite après, la Loi indique les responsabilités de l'enseignant, car à tout pouvoir correspond une responsabilité équivalente.

> L'enseignant a notamment le droit:
>
> 1° de prendre les modalités d'intervention pédagogique qui correspondent aux besoins et aux objectifs fixés pour chaque groupe ou pour chaque élève qui lui est confié;

2° de choisir les instruments d'évaluation des élèves qui lui sont confiés afin de mesurer et d'évaluer constamment et périodiquement les besoins et l'atteinte des objectifs par rapport à chacun des élèves qui lui sont confiés en se basant sur les progrès réalisés.

Plus les enseignants ont de l'autonomie et du pouvoir, plus ils ont des responsabilités. Il en est de même pour tous les professionnels et pour toutes les personnes au cours de leur vie. Un bébé est totalement dépendant de ses parents ou des personnes qui jouent ce rôle auprès de lui. Sans eux, il ne peut survivre ; il n'a évidemment aucune autonomie mais, en contrepartie, il n'a aucune responsabilité. Or nous avons vu au premier chapitre que l'éthique est là pour permettre aux personnes d'utiliser le pouvoir qu'elles ont en vertu de leurs connaissances ou de leurs fonctions, de façon respectueuse d'autrui.

Le personnel enseignant exerce sa responsabilité éducative envers les élèves en classe et en dehors de la classe, par exemple dans le cadre de projets de groupes qui réunissent plusieurs classes ou dans des projets plus larges à l'école comme des journées sportives ou des camps musicaux. Cette responsabilité peut être segmentée en trois phases : la planification de l'intervention, l'intervention elle-même et l'évaluation de l'intervention. Les deux premières phases sont habituellement clairement présentes à l'esprit des enseignantes et enseignants puisqu'elles constituent le cœur de leur travail au quotidien. Mais il ne faut pas négliger la troisième phase qui consiste à faire un retour sur l'intervention.

En ce qui concerne l'évaluation de l'intervention, il faut prendre deux aspects en considération. Le premier aspect a trait à l'évaluation que font les enseignantes et enseignants de la démarche d'intervention qu'ils ont réalisée ou, autrement dit, de la mise en œuvre de leurs gestes professionnels. Il s'agit là d'un retour réflexif sur l'action en vue de comprendre ce qui a bien fonctionné et d'améliorer ce qui a besoin de l'être. Le second aspect concerne l'évaluation des apprentissages réalisés ou du développement des compétences de l'élève. Porter un jugement évaluatif sur le degré de développement des compétences de chaque élève veut dire que l'évaluation est celle d'un cheminement, d'un processus et non d'un résultat ou d'un produit (Jutras, Desaulniers et Legault, 2003). Évaluer les apprentissages est un geste professionnel très important dont les conséquences sont nombreuses pour l'élève aussi bien dans sa vie personnelle actuelle que dans sa future vie sociale et professionnelle. Il est donc de la responsabilité du personnel enseignant de procéder à l'évaluation de la façon la plus rigoureuse possible pour informer l'élève et ses parents sur sa progression et pour décider des moyens pédagogiques à prendre afin de l'aider à réussir son cheminement.

Il est important de revenir sur le fait que l'éthique professionnelle exige des enseignantes et enseignants qu'ils puissent expliquer et justifier leurs interventions aux principaux intéressés, c'est-à-dire aux élèves, à leurs parents, ainsi qu'à leurs collègues et à la direction de l'école. Une intervention pédagogique ne doit jamais être arbitraire. Devant la difficulté d'intervenir, il peut être tentant de remettre à demain, de déléguer à quelqu'un d'autre ses responsabilités, de ne pas agir. Cela s'appelle de la négligence et parfois même il peut s'agir d'une faute professionnelle. Car, dans ces cas, les élèves ne reçoivent pas les services professionnels qu'ils sont en droit de recevoir du service public qu'est l'école et des professionnels que sont les enseignantes et enseignants. Voici quelques exemples d'attitudes irresponsables : faire semblant de ne pas remarquer une demande d'aide ou une question posée, ne pas évaluer les travaux demandés, laisser les élèves seuls dans une classe sans consigne claire de travail, ne donner qu'une partie du programme obligatoire. La non-intervention est dommageable aux élèves dans la mesure où elle ne les soutient pas dans leurs apprentissages, les néglige et parfois même les abandonne.

Dans certaines circonstances, les enseignantes et enseignants peuvent trouver difficile d'exercer leur pouvoir d'intervenir, surtout en début de carrière. Certains ont peur d'être trop autoritaires et de limiter la liberté des élèves. D'autres redoutent que les parents ne contestent leur pouvoir et les empêchent finalement d'intervenir. D'autres, enfin, craignent de perdre l'amour de leurs élèves en intervenant trop directement par rapport à leurs comportements scolaires. Toutes ces craintes sont compréhensibles. La seule façon de les dissiper, c'est de prendre l'habitude d'intervenir en fonction des finalités de l'école et des besoins liés à l'apprentissage des élèves, c'est-à-dire pour des raisons professionnelles. Mais, bien sûr, nous savons tous que certaines interventions peuvent être attribuables à d'autres raisons inacceptables, comme la recherche du pouvoir pour le plaisir de se sentir en contrôle, pour humilier des personnes plus faibles ou encore par désir de bien paraître. Personne n'est à l'abri de ces dérives et il importe d'en être conscient comme professionnel. Ces remarques nous mènent justement à examiner les limites de l'intervention pédagogique.

6.4. Les limites de l'intervention et l'abus de pouvoir

Les enseignantes et enseignants ont le pouvoir et le devoir d'intervenir pour aider les jeunes à apprendre et à se développer ; ils ne sont pas là pour des raisons personnelles de commodité ou de plaisir. Le harcèlement sexuel, qui est une façon d'utiliser son pouvoir professionnel pour obtenir des avantages sexuels comme des caresses, des baisers, une sortie, des relations sexuelles, peut être rangé dans la catégorie des comportements tout à fait inacceptables et répréhensibles. Les élèves sont vulnérables au harcèlement sexuel, car ils dépendent de leurs enseignantes et enseignants pour avoir des notes, réussir leurs examens et passer au niveau suivant. Ils ne sont pas dans une situation d'égalité avec eux, même quand ils ont atteint la majorité légale de 18 ans. Leur statut d'élèves leur rend très difficile tout refus ou toute révolte devant des demandes sexuelles provenant du personnel enseignant ou du personnel scolaire (Valiquette et Ross, 1997). C'est la raison pour laquelle des politiques sur le harcèlement sexuel sont rédigées dans les commissions scolaires et que des mesures sont immédiatement prises par les directions d'école et les commissions scolaires dans le cas d'allégations de harcèlement sexuel de la part d'un membre du personnel sur un élève. C'est d'ailleurs pour cette même raison que les codes de déontologie interdisent aux professionnels d'avoir des relations sexuelles avec leurs clients.

Les enseignantes et enseignants ne peuvent pas non plus exercer leur pouvoir professionnel en utilisant la force ou la violence physique ou psychologique. Nous avons vu, au troisième chapitre, que le châtiment corporel n'est toléré dans notre société que dans certaines conditions et que l'abus physique et l'abus sexuel sont considérés comme des actes criminels. Il faut garder à l'esprit que ces formes d'abus sont des abus de pouvoir particulièrement pénalisés quand les victimes sont des jeunes et quand les abuseurs sont des éducateurs. La société doit pouvoir avoir confiance dans les professionnels de l'enseignement, dans leur capacité de distinguer ce qui est acceptable comme contrainte et ce qui est inacceptable, ce qui aide le développement des jeunes et ce qui leur nuit ou les blesse. C'est pourquoi le personnel enseignant ne peut éviter de s'interroger sur les limites éthiques et non seulement légales de son pouvoir d'intervenir sur les jeunes. Cela doit être pris en compte dans son jugement professionnel.

Ce que nous venons de voir dans ce chapitre montre que l'intervention professionnelle en enseignement constitue le cœur du travail enseignant. Si les interventions visent à répondre à des besoins très précis des élèves et des groupes d'élèves, il faut se souvenir qu'elles sont effectuées en vue de tendre vers les finalités éducatives et d'actualiser la mission de l'école. C'est ainsi qu'on va dire d'une personne qui fait bien son travail qu'elle fait preuve d'une qualité professionnelle qu'on appelle le professionnalisme (Jutras, 2011). Agir avec professionnalisme constitue un idéal professionnel qui concerne non seulement les membres du corps enseignant, mais aussi toutes les personnes qui assument des responsabilités professionnelles.

■ QUESTIONS D'APPROFONDISSEMENT ET DE DISCUSSION

1. Une enseignante ou un enseignant qui refuse d'aider un élève qui en a manifestement besoin fait-il preuve d'incompétence ou de manque d'éthique ? Expliquez et justifiez votre réponse.

2. Identifiez un comportement correct et adéquat dans chacun des trois types d'interventions professionnelles présentées dans ce chapitre et expliquez pourquoi vous considérez qu'il est empreint d'éthique professionnelle.

3. Quel type d'intervention pensez-vous maîtriser le mieux actuellement ? Que vous reste-t-il à faire pour développer vos compétences relatives aux différents types d'interventions professionnelles ?

4. L'idée que les enseignantes et enseignants ont un pouvoir légitime sur les élèves en vue de les aider à apprendre et à se développer vous surprend-elle ? Comment vous situez-vous par rapport à ce pouvoir ?

5. Dans leur livre sur *Le pouvoir sans abus* (1997), Valiquette et Ross identifient 16 types d'abus de pouvoir dans la relation d'autorité. Examinez chacun d'eux et répondez aux trois questions suivantes :
   - Ces types d'abus concernent-ils le personnel enseignant ?
   - En tant qu'élève, vous est-il arrivé d'être la victime de l'un de ces types d'abus ? Dans ce cas, quels ont été vos sentiments et vos réactions ?
   - En tant qu'enseignante ou enseignant, vous est-il arrivé d'exercer l'un de ces types d'abus, même involontairement ? Dans ce cas, que pouvez-vous faire maintenant pour l'éviter ?

   Seize types d'abus de pouvoir

   Chantage ou menace
   Bris de la confidentialité
   Fausser l'information
   Favoritisme
   Homophobie
   Incompétence ou ignorance
   Intrusion psychologique
   Manque de respect
   Mépris ou jugement
   Obtenir des faveurs
   Racisme
   Retenir l'information de façon inappropriée
   Sexisme
   Violence physique
   Violence sexuelle
   Violence verbale

ATELIERS

ATELIER 1. TRAVAIL EN ÉQUIPE : QUE DOIT-ON FAIRE ?

Deux élèves se chamaillent dans le fond de la classe et finissent par se battre.

▶ **Première étape**

Discutez de cette situation en répondant aux questions suivantes :

- L'enseignante ou l'enseignant peut-il intervenir ? Si vous répondez non, expliquez vos raisons. Si vous répondez oui, expliquez comment il peut le faire, en particulier quelles sont les limites de son action.
- L'enseignante ou l'enseignant doit-il intervenir ? Si vous répondez non, expliquez vos raisons. Si vous répondez oui, expliquez pour quelles raisons et comment il peut le faire.

▶ **Deuxième étape**

Retour en grand groupe et discussion sur les responsabilités professionnelles du personnel enseignant.

ATELIER 2. TRAVAIL EN ÉQUIPE : DES LIGNES DE CONDUITE POUR L'ÉVALUATION DES APPRENTISSAGES ET DES COMPÉTENCES

Parmi les responsabilités professionnelles dans l'enseignement, on dit souvent que l'évaluation des apprentissages ou du développement des compétences est l'une des responsabilités les plus lourdes de conséquences.

▶ **Première étape**

Répondre individuellement aux questions suivantes :

- Êtes-vous d'accord avec l'affirmation que l'évaluation est une grosse responsabilité professionnelle ? Justifiez votre réponse.
- En tant qu'élève, avez-vous déjà été frustré par la manière dont l'évaluation a été menée ? Quelles étaient les circonstances dans lesquelles se sont déroulés les événements ? Quelles recommandations faites-vous en vue d'assurer justice et équité dans la manière d'évaluer ?

- **Deuxième étape**

  Après avoir partagé vos réponses et vos réflexions en équipes de travail, préparez un canevas de recommandations pour une conduite professionnelle empreinte de professionnalisme concernant l'évaluation à discuter avec le groupe-classe.

- **Troisième étape**

  D'abord, chaque équipe présente ses recommandations. Puis, la classe les discute pour déterminer quelles sont les lignes de conduite nécessaires à l'enseignant comme professionnel qui assume avec professionnalisme ses responsabilités concernant l'évaluation des élèves.

POUR ALLER PLUS LOIN

Les fondements des méthodes pédagogiques:

Gauthier, Clermont et Maurice Tardif (dir.) (2005). *La pédagogie: théories et pratiques de l'Antiquité à nos jours*, Montréal, Chenelière.

Les compétences pour l'intervention enseignante:

Perrenoud, Philippe, Marguerite Altet et Claude Lessard (dir.) (2008). *Conflits de savoirs et formation des enseignants*, Bruxelles, DeBoeck Université.

CHAPITRE

7

La relation au savoir dans l'enseignement

Intentions pédagogiques

Après avoir lu ce chapitre et discuté de son contenu, vous devriez être en mesure de :

- situer le rôle de l'école et du personnel enseignant dans la société du savoir ;
- reconnaître le rôle de « passeur culturel » de l'enseignant ;
- comprendre la relation existant entre la compétence relative au savoir enseigné et la compétence éthique ;
- clarifier les attitudes professionnelles par rapport au savoir ;
- reconnaître et être prêt à assumer l'exigence du développement continu sur le plan des savoirs reliés aux disciplines d'enseignement.

Ce qui distingue les enseignantes et enseignants des autres adultes qui sont en contact auprès des jeunes, c'est qu'ils sont, en plus, en relation avec les connaissances, la culture, le savoir. On entend généralement par savoir des connaissances nombreuses, plus ou moins systématisées, acquises par des activités cognitives. Jean Houssaye (2000), un philosophe de l'éducation, a illustré la situation pédagogique par un triangle qu'il a appelé le triangle pédagogique. La figure 3 représente ce triangle pédagogique.

Figure 3
Le triangle pédagogique (d'après Houssaye, 2000)

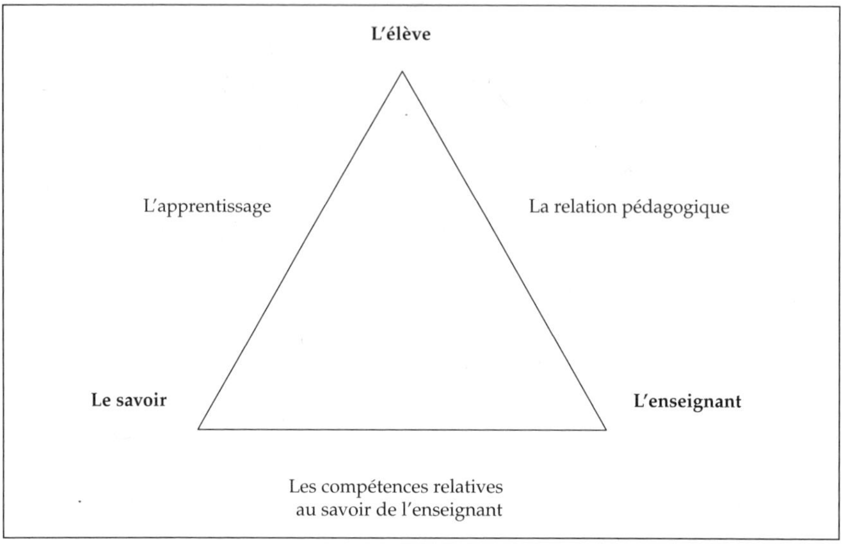

À chacune des pointes du triangle se trouve l'un des trois éléments – l'enseignant, l'élève et le savoir – qui sont en constante interrelation dans l'enseignement. Les côtés du triangle portent sur des relations plus spécifiques entre ces éléments.

- La relation de l'enseignant à l'élève, c'est la relation pédagogique (qui sera étudiée au chapitre suivant).
- La relation de l'élève au savoir, c'est l'apprentissage. Les interventions du personnel enseignant visent à mettre l'élève en situation d'accès au savoir et de réalisation des apprentissages. L'enseignant agit ainsi comme médiateur entre les élèves et le savoir.
- La relation de l'enseignant avec le savoir, c'est là où se joue sa compétence relative au savoir. Le rapport au savoir de l'enseignante ou l'enseignant, c'est tout ce qu'il sait en ce qui a trait aux disciplines enseignées et à la culture générale, et qui le rend capable d'enseigner.

Nous voyons qu'aucun élément du triangle n'est inutile ni statique; aucun élément non plus n'est figé dans le temps. Le savoir est en évolution constante, l'élève apprend sans cesse et l'enseignante ou l'enseignant se développe et participe au développement de l'élève continuellement.

Au quatrième chapitre consacré aux finalités éducatives, nous avons vu que le personnel enseignant reçoit le mandat de participer à la réalisation de la mission de l'école auprès des élèves. Rappelons-nous que la première mission de l'école est d'instruire. Les enseignantes et enseignants ont ainsi la responsabilité d'instaurer dans leur classe des pratiques qui vont orienter les apprentissages et le rapport au savoir des élèves dans une certaine direction. Maintenant, dans ce chapitre, nous allons examiner la relation que les enseignantes et enseignants entretiennent avec le savoir, de façon à dégager ses composantes éthiques. Même si ces composantes éthiques sont moins évidentes au premier coup d'œil que celles qui caractérisent la relation pédagogique, elles ont une importance capitale à l'école.

7.1. Le savoir dans la société

Notre société est caractérisée par une explosion des connaissances. Elles sont en effet de plus en plus nombreuses et de plus en plus diversifiées. Non seulement les connaissances sont nombreuses aujourd'hui, mais elles évoluent rapidement. De plus, elles sont diffusées vite dans le monde entier grâce à Internet, ainsi que par des publications de toute nature, des cours universitaires, des laboratoires et centres de recherche. De nouveaux domaines, l'écologie par exemple, se développent et nécessitent la collaboration de scientifiques de différentes disciplines. Plus personne, de nos jours, ne pourrait connaître un développement comparable à celui de Léonard de Vinci qui, à la Renaissance, était à la fois poète, ingénieur, peintre et mathématicien. Nous appartenons à l'ère des spécialisations et des professions. Il reste qu'au-delà des savoirs plus ou moins approfondis nécessaires pour occuper une fonction de travail spécifique et pour vivre dans nos sociétés, chaque personne a besoin de connaître de plus en plus de choses. Pour décrire ce phénomène, on parle de « société du savoir », car le savoir est à la base de la vie et du développement des individus comme de la société.

Dans ce contexte, on comprend bien que l'école a un rôle important à jouer. Elle est l'endroit où le savoir est rendu disponible à l'apprentissage des jeunes. Mais, bien sûr, ce n'est pas le seul endroit. Les médias, les organismes culturels comme les musées, les bibliothèques et les associations socioculturelles, les technologies de l'information et de la communication, les relations interpersonnelles, les voyages, les expériences de vie permettent aussi de découvrir et d'apprendre. Cependant, l'école est le seul lieu conçu spécifiquement pour apprendre de manière organisée, systématique et critique, pour donner accès à la culture à tous, au cours de la scolarité obligatoire. L'école possède ainsi la mission de mettre les jeunes en relation avec le savoir et la culture, c'est-à-dire avec l'ensemble des aspects qui caractérisent une civilisation et qui permettent de développer le goût, le sens critique et le jugement.

7.2. Le rapport au savoir du personnel enseignant

Le personnel enseignant a toujours eu comme rôle d'ouvrir les jeunes générations à des connaissances systématiques et à une culture socialement partagée. Bien sûr, les contenus enseignés sont déterminés par les autorités éducatives. Or le contenu du savoir et de la culture peut changer dans le temps. Ainsi, la durée de vie des programmes d'études est toujours limitée. Certains contenus sont mis à l'écart et même éliminés, certains subissent des modifications et sont mis à jour, d'autres sont ajoutés car ils correspondent aux besoins d'aujourd'hui et de demain. Cependant, le rôle fondamental du personnel enseignant de servir d'intermédiaire entre le savoir, la culture et les élèves est permanent.

Le personnel enseignant doit agir de manière professionnelle dans toutes les dimensions de sa tâche. Aussi, dans le référentiel pour la formation à l'enseignement, le ministère de l'Éducation (Gouvernement du Québec, 2001a) considère que les compétences liées à la culture, au savoir et à la langue d'enseignement sont fondamentales. Nous allons examiner plus précisément ce que cela signifie au point de vue éthique.

7.2.1. Le personnel enseignant héritier, critique et interprète de la culture

Le personnel enseignant est d'abord **héritier** de la culture de la société dans laquelle il vit. Il ne peut ignorer l'histoire et les apports de la culture générale puisque son rôle est d'être un intermédiaire entre la culture et les élèves. Cela implique qu'il doit posséder des connaissances suffisantes pour situer les contenus enseignés dans leur contexte et montrer leur évolution. Un enseignant de musique, par exemple, doit connaître les étapes importantes de l'histoire de la musique et des styles musicaux, tout autant qu'il doit connaître la musique et les compositeurs actuels.

Le personnel enseignant est ensuite **critique** par rapport au savoir et à la culture, en particulier par rapport à sa propre culture. Il doit ainsi être attentif à ses préjugés et à ses idées toutes faites parce qu'ils pourraient donner lieu à des conduites qui pénalisent certains élèves et même fausser son jugement par rapport aux connaissances à faire acquérir aux élèves. Par exemple, l'enseignant de musique dont nous parlions plus haut devrait éviter d'imposer à ses élèves seulement les musiques qu'il préfère. De même, il ne devrait pas porter de jugement négatif sur les musiques que ses élèves écoutent. Par contre, il pourrait les rendre plus conscients des enjeux commerciaux de certaines modes musicales. Certes, les phénomènes de mode et de publicité font aussi partie de la musique et de la culture. Cependant, l'enseignant a le pouvoir d'éveiller ses élèves à d'autres musiques que celles qu'ils connaissent déjà, à d'autres dimensions culturelles que les plus visibles et les plus évidentes qui se trouvent dans leur environnement immédiat.

Le personnel enseignant est enfin **interprète de la culture**. Il doit chercher à faire comprendre ce qu'il connaît et à le partager avec les élèves. Cela suppose un intérêt et une sensibilité aux élèves qu'il a devant lui et une certaine connaissance de leurs goûts et de leurs savoirs. Notre enseignant de musique ouvre l'esprit et les oreilles de ses élèves à des formes de musique nouvelles pour eux ; il les aide à les comprendre et à les apprécier. Mais, pour ce faire, il doit savoir faire des liens entre le monde des élèves et ce qu'il veut leur faire découvrir et apprécier.

Dans tous les cas, les enseignantes et enseignants agissent à titre de « passeurs culturels ». Ils amènent les élèves dans un autre monde que celui de leur vie quotidienne, le monde de la culture, afin qu'ils aient accès à des éléments qui peuvent leur permettre de mieux se comprendre eux-mêmes et de mieux comprendre le monde qui les entoure. Cela implique qu'ils ne s'en tiennent pas uniquement à ce que les élèves aiment et veulent savoir, mais qu'ils les introduisent à d'autres domaines. Les enseignantes et enseignants sont des médiateurs culturels. Rien de tout cela n'est possible sans connaissances et sans culture, sans jugement et sans réflexion. Agir comme passeur culturel, c'est beaucoup plus que « passer de la matière », c'est ouvrir les élèves sur le monde grâce à la culture, grâce au patrimoine de l'humanité.

7.2.2. Le personnel enseignant et la maîtrise de la langue de communication

Pour jouer leur rôle de passeurs culturels de manière adéquate, les enseignantes et enseignants ont besoin de maîtriser la langue française orale et écrite, qui diffuse le savoir et exprime la culture. Voilà une des raisons qui ont amené les universités et les commissions scolaires à faire passer des tests de français aux candidates et candidats à l'enseignement.

Un vocabulaire réduit, par exemple, ne permet que de transmettre des notions limitées ou simples. À l'opposé, un vocabulaire juste amène à préciser les notions et à les mettre en relief de façon rigoureuse. Les enseignantes et enseignants ne peuvent jouer leur rôle de passeurs culturels qu'avec un niveau de langage soutenu qui permet de comprendre les sciences, les arts, les lettres et les technologies, et de les communiquer de manière correcte et professionnelle.

De plus, dans le domaine de la langue écrite et parlée, ils sont des modèles pour leurs élèves. Il leur serait bien difficile d'exiger des élèves une maîtrise qu'ils ne possèdent pas eux-mêmes. La cohérence et la congruence font partie des qualités professionnelles attendues du personnel enseignant.

7.3. Le rôle du personnel enseignant par rapport au savoir et à la culture

Il existe plusieurs façons pour les enseignantes et enseignants de servir de relais entre les élèves et le savoir. Ils peuvent d'abord mettre en évidence directement les connaissances qu'ils veulent transmettre à leurs élèves en faisant des exposés, des démonstrations, des présentations orales, en écrivant des textes, en répondant aux questions. Ce rôle plutôt traditionnel n'a pas complètement disparu, mais il a perdu son monopole et une partie de son lustre d'autrefois. La capacité de faire un exposé est une approche exigeante qui suppose des connaissances précises et organisées. Notons que le cours magistral vient du terme *magister*, qui signifie trois fois plus grand. Le maître d'autrefois devait avoir trois fois plus de connaissances que ses élèves. On attend encore du maître d'aujourd'hui qu'il possède un excellent bagage de connaissances.

De manière moins directe qu'avec l'exposé, les enseignantes et enseignants peuvent aussi orienter les élèves vers d'autres ressources, leur apprendre à chercher et les aider à organiser ce qu'ils ont trouvé. Dans ce cas, c'est l'encadrement du travail de l'élève sur le savoir qui compte. Cela suppose des compétences de structuration, de classement et d'organisation, en même temps qu'une large connaissance du contenu. Pour faire réaliser une recherche en biologie et soutenir les élèves dans un projet en ce sens, par exemple, il faut des connaissances précises en biologie et en méthode expérimentale.

Peu importe la méthode utilisée, le rôle du personnel enseignant est de rendre le savoir significatif pour les jeunes. Que le savoir soit exposé de manière directe ou qu'il soit découvert par des expériences, le personnel enseignant doit permettre aux élèves de faire des liens entre ce qu'ils apprennent et ce qu'ils vivent, de même que les aider à se connaître et à se situer dans le monde. Apprendre pour obtenir une note ou passer un examen ne donne accès à aucun savoir réel et durable.

De nos jours, l'accent est mis sur le rapport dynamique de l'élève au savoir et non plus sur la personne de l'enseignant qui transmet un savoir. Le point focal est l'apprentissage et le développement de l'élève. Il est tout de même intéressant de noter que depuis la modernisation du système scolaire dans les années 1960, le discours ministériel a toujours insisté pour mettre l'élève au centre de l'apprentissage. Ce principe pédagogique sans cesse réitéré suppose que les enseignantes et enseignants doivent, aujourd'hui plus que jamais, mettre en place des dispositifs pédagogiques qui donnent un rôle actif à l'élève dans son rapport au savoir. Le savoir constitue l'une des ressources fondamentales du savoir-agir qui caractérise la compétence, ne l'oublions pas.

En dernier lieu, en tant qu'intermédiaires entre le savoir et les élèves, les enseignantes et enseignants ont la tâche de faire comprendre et respecter la propriété intellectuelle. Il faut aider les élèves à comprendre et à appliquer les règles éthiques de la communication : indication des références bibliographiques lorsqu'une idée est utilisée ou qu'un fait est rapporté, utilisation des guillemets lorsqu'un texte est cité. L'accessibilité de nombreuses connaissances plus ou moins validées scientifiquement sur le Web est intéressante pour les recherches documentaires. Il est du rôle des enseignants d'attirer l'attention des élèves sur les différents niveaux de savoir qu'on y retrouve : opinions, témoignages, résultats de recherche validés par des organismes ou des comités scientifiques. Là aussi la propriété intellectuelle existe et doit être respectée. La question du plagiat ne se pose pas seulement dans le cas des travaux de recherche ou des examens ; elle se pose tous le jours dans le cadre du transfert d'information, en classe, dans l'école et dans la société. Les moyens de diffusion de la connaissance peuvent changer, mais l'exigence d'honnêteté intellectuelle et de respect du savoir demeure. Bien entendu, cette exigence s'applique aussi aux enseignantes et enseignants dans leur utilisation de documentation et d'exercices dont les sources doivent être bien identifiées.

Pour que la relation au savoir soit vivante et qu'elle participe vraiment au développement des jeunes, certaines attitudes et valeurs intellectuelles doivent orienter le travail du personnel enseignant en classe. Le tableau 16 présente certaines d'entre elles.

Tableau 16
Les attitudes et les valeurs intellectuelles du personnel enseignant

- La conviction que le savoir est préférable à l'ignorance, que l'apprentissage scolaire est une occasion de progrès personnel et social ;
- Une certaine curiosité intellectuelle ;
- Le goût de la recherche et le sens de l'effort intellectuel nécessaire pour l'entreprendre ;
- Le sens critique pour évaluer ce qui vaut la peine d'être connu et refuser les faux savoirs de toute nature ;
- Le respect des savoirs validés scientifiquement et socialement ;
- L'honnêteté de reconnaître ses erreurs ou ses incertitudes ;
- Le respect de la propriété intellectuelle, en particulier le refus du plagiat et de la fraude.

Comme on peut le voir dans cette liste, il existe une éthique liée au domaine des connaissances qui est commune au personnel enseignant et aux chercheurs parce que ces deux types de professionnels ont un rapport privilégié au savoir. Les premiers l'enseignent, les seconds le développent.

7.4. Les savoirs nécessaires aux professionnels de l'enseignement

Les savoirs spécialisés des enseignantes et enseignants, comme c'est le cas pour tous les autres professionnels, sont reconnus par un diplôme et permettent de définir ce sur quoi repose leur agir professionnel. Le ministère de l'Éducation (Gouvernement du Québec, 2001a) a classé les savoirs spécialisés nécessaires à l'enseignement sous quatre catégories, qu'on retrouve au tableau 17.

Tableau 17
Les savoirs spécialisés nécessaires à l'enseignement

- Des savoirs *disciplinaires liés aux matières enseignées;
- Des savoirs *didactiques qui ont trait aux méthodes d'enseignement et d'apprentissage des matières;
- Des savoirs *psychopédagogiques relatifs au développement des enfants et des adolescents, aux composantes de l'acte d'enseigner et aux contextes d'apprentissage;
- Des savoirs *culturels qui touchent à la société et à la culture ainsi qu'aux rôles du personnel enseignant dans l'école.

Non seulement ces savoirs sont spécialisés, mais ils sont également en évolution constante. Sans connaissance suffisante des domaines disciplinaires, des méthodes d'enseignement, des jeunes et sans connaissances culturelles, il est impossible d'enseigner. Si ces connaissances viennent à manquer de façon évidente ou répétée, alors la personne ne peut pas témoigner d'une réelle compétence professionnelle puisqu'elle ne peut pas mobiliser ces connaissances dans son intervention. Elle est alors tout simplement incompétente. Il serait possible, à juste titre, de considérer cette incompétence comme un manque d'éthique professionnelle.

Parmi les différents savoirs nécessaires à la pratique professionnelle enseignante, l'accent est mis, dans le cadre de la réforme de l'éducation, sur les savoirs psychopédagogiques qui vont favoriser l'apprentissage. Beaucoup d'enseignantes et enseignants sont en accord avec ce choix. Il ne faudrait cependant pas conclure trop vite que les savoirs culturels sont très secondaires. Au contraire, l'enseignant héritier, critique et interprète doit posséder de solides connaissances pour jouer son rôle de passeur culturel. Il doit aussi maîtriser sa matière de façon évidente pour l'enseigner et encadrer l'apprentissage des élèves. Bien qu'ils puissent être maîtrisés selon des degrés divers par chaque membre du corps enseignant, tous ces savoirs sont importants pour enseigner.

Une fois ce principe reconnu, il faut distinguer les niveaux d'enseignement et les degrés de complexité des connaissances à posséder pour enseigner. Certes, toute personne qui enseigne doit maîtriser des savoirs disciplinaires, mais ceux-ci sont moins complexes au préscolaire et au primaire qu'au secondaire. À l'exception des spécialistes d'art (musique, danse et art dramatique) et d'éducation physique, les enseignantes et enseignants du préscolaire et du primaire sont des généralistes, ce qui implique quand même qu'ils doivent posséder beaucoup plus de connaissances et de culture générale que leurs élèves. Comment pourrait-on faire comprendre et maîtriser l'accord du participe passé si on ne le comprend pas et ne le maîtrise pas soi-même? Au secondaire, où les enseignantes et enseignants sont des spécialistes d'une discipline ou d'un domaine de connaissances, les connaissances nécessaires pour enseigner sont plus complexes et varient d'un cycle à l'autre, mais le savoir disciplinaire reste partout essentiel. Le philosophe Olivier Reboul (2010b) rappelle très justement qu'enseigner signifie d'abord «enseigner quelque chose».

Au point de vue éthique, on doit ajouter que ce «quelque chose» doit être maîtrisé par le personnel enseignant sinon celui-ci ne peut remplir sa mission première d'instruire les jeunes. Un enseignant qui ne possède que des connaissances désuètes, imprécises ou inexactes ne peut favoriser le développement intellectuel de ses élèves. On imagine mal, par exemple, une enseignante de sciences humaines qui ne tiendrait pas compte de la chute du rideau de fer et de l'éclatement de l'URSS survenus dans les années 1990 lorsque la classe traite des pays de l'Europe de l'Est. Les élèves seraient injustement pénalisés par l'ignorance de leur enseignante; ils perdraient leur temps à l'école et risqueraient de perdre leur intérêt pour apprendre et leur confiance dans l'école. Leur réussite scolaire pourrait également être compromise. Les conséquences de l'incompétence professionnelle sont graves pour les personnes qui sont censées recevoir des services professionnels de bon niveau. C'est la raison pour laquelle l'incompétence est fortement pénalisée par les ordres professionnels et qu'elle est considérée comme motif de suppression du brevet d'enseignement par la *Loi sur l'instruction publique*.

7.5. Le défi de la formation continue

Nous avons vu, avec le triangle pédagogique, que les enseignantes et enseignants sont des intermédiaires entre les élèves et le savoir. Pour que cette relation soit significative, vivante et inspirante, il faut qu'ils soient eux-mêmes dans une relation significative avec le savoir. Un enseignant qui n'a pas ou qui n'a plus de curiosité intellectuelle, par exemple, peut difficilement éveiller ses élèves au désir d'apprendre. À cet égard, comme dans plusieurs autres cas que nous avons vus jusqu'à présent, les enseignantes et enseignants sont des modèles pour les jeunes. Si le savoir n'a pas beaucoup d'importance pour eux, il risque de ne pas en avoir beaucoup non plus pour leurs élèves. Voilà la première raison qui milite en faveur d'une formation continue.

La deuxième raison est liée à la professionnalisation de l'enseignement. Pour maintenir leur compétence professionnelle, les enseignantes et enseignants ont besoin de se tenir à jour non seulement en ce qui concerne les méthodes, les manuels et les techniques, mais aussi en ce qui concerne l'ensemble de leurs savoirs spécialisés. Aucun professionnel ne peut exercer sa profession en s'appuyant uniquement sur ses années de formation universitaire. C'est la raison pour laquelle les ordres professionnels proposent des activités de formation continue à leurs membres et que les commissions scolaires ont l'obligation légale d'en offrir au personnel enseignant. Le devoir de se tenir à jour est d'ailleurs une responsabilité de chaque enseignante ou enseignant inscrite dans la *Loi sur l'instruction publique.*

La troisième raison tient à l'évolution rapide des connaissances dans notre société du savoir. Les enseignantes et enseignants ne peuvent éduquer les jeunes pour vivre dans cette société sans essayer de comprendre et de suivre l'évolution des connaissances. Ils les forment pour le présent et pour le futur.

La formation continue est non seulement une obligation légale pour les enseignantes et enseignants, mais aussi une responsabilité éthique pour consolider leur compétence. Pour ce faire, ils peuvent demander des formations sur mesure à leurs directions d'école et à leurs commissions scolaires. Ils peuvent ainsi s'entraider, partager leurs connaissances entre collègues dans l'école et au sein d'associations professionnelles d'enseignantes et d'enseignants. Ils peuvent également participer à des recherche-action et à des recherches *collaboratives dans leur école, de façon à se développer professionnellement à l'intérieur d'une équipe composée de chercheurs et d'enseignants. En dehors de ces actions collectives, les enseignantes et enseignants peuvent individuellement suivre des cours, participer à des colloques, utiliser des ressources informatisées, développer leur culture personnelle et professionnelle par la lecture, la visite de musées, la recherche documentaire, les voyages. Pour enseigner, il est souhaitable, voire fondamental, de rester soi-même dans une démarche d'ouverture et d'apprentissage.

Nous avons vu dans ce chapitre que les enseignantes et enseignants ont une relation privilégiée avec le savoir dont ils favorisent l'accès et l'acquisation chez leurs élèves. Ils sont autant définis par leur relation aux élèves que par leur relation au savoir. Comme professionnels, les membres du corps enseignant ont la responsabilité de maintenir à jour leurs connaissances spécialisées pour assumer leur mission sociale. Bien sûr, les connaissances seules ne suffisent pas à produire un bon enseignement, car pour intervenir, il faut aussi les utiliser à bon escient. Mais elles demeurent absolument indispensables.

■ QUESTIONS D'APPROFONDISSEMENT ET DE DISCUSSION

1. Comment appellerait-on un professionnel qui travaillerait en relation au savoir, mais qui n'aurait pas de relation avec des élèves ? Sur quels éléments pourrait-il fonder son éthique professionnelle ?

2. À partir d'un exemple précis pris dans votre ordre d'enseignement ou dans votre discipline, expliquez en quoi l'incompétence relative au savoir enseigné constitue un manque d'éthique pour une personne qui enseigne.

3. Un enseignant peut-il mentir à ses élèves par conviction personnelle à propos d'un contenu d'enseignement obligatoire dans le programme d'études, par exemple en faussant des statistiques ou en négligeant volontairement une partie de l'information ? Justifiez votre réponse. Connaissez-vous des exemples qui illustrent cette situation ?

4. Que peut faire un enseignant devant une question d'un élève dont il ne connaît pas la réponse ? Quelle valeur intellectuelle pourrait l'inspirer ? Que doit-il faire pour être éthiquement responsable ?

5. Selon votre conception personnelle de l'enseignement, qu'est-ce qui a la priorité : la relation pédagogique ou la relation au savoir ? Que pouvez-vous conclure à propos de votre éthique professionnelle ?

6. Que signifie pour vous l'expression : être un intellectuel ? Pensez-vous que les enseignantes et enseignants sont des intellectuels ?

ATELIERS

ATELIER 1.
TRAVAIL EN ÉQUIPE : LA MATIÈRE ENSEIGNÉE

Un jeune enseignant est à l'emploi d'une commission scolaire où il n'a pas encore de poste permanent. Son directeur d'école secondaire lui annonce en juin qu'il devra enseigner en science et technologie à la rentrée prochaine. Or, il n'a suivi aucun cours universitaire dans ce domaine lors de son baccalauréat en enseignement au secondaire.

► **Première étape**

- Dans un premier temps, imaginez individuellement toutes sortes de solutions pour l'enseignant dans cette situation, même les plus farfelues.
- Dans un deuxième temps, déterminez ensemble quelles seraient les solutions qui manifesteraient une éthique professionnelle chez cet enseignant.
- Dans un troisième temps, discutez de ce que vous pourriez faire pour aider ce collègue, individuellement et collectivement.

► **Deuxième étape**

Retour en grand groupe pour discuter des points soulevés par les différentes équipes par rapport à cette situation.

ATELIER 2.
TRAVAIL EN ÉQUIPE : NOTRE HÉRITAGE

Lorsque le ministère de l'Éducation, du Loisir et du Sport écrit que l'enseignante ou l'enseignant est un héritier, un critique et un interprète de la culture, il met de l'avant une forme de rapport au savoir qui caractérise le personnel enseignant.

► **Première étape**

Réflexion personnelle : rappelez-vous votre passé dans votre famille, dans votre milieu social et à l'école.

- Précisez ce que vous avez reçu en héritage au plan culturel.
- Indiquez ce que vous conservez de cet héritage culturel qui peut vous servir ou qui vous sert dans votre travail à l'école avec les élèves.

▶ Deuxième étape

Partagez entre vous les éléments reçus en héritage et conservés.

- Que remarquez-vous ?
- Partagez-vous certains points communs ? Lesquels ?

Préparez quelques exemples d'héritage culturel et de pratiques que vous présenterez au grand groupe.

▶ Troisième étape

Retour en grand groupe sur les éléments dégagés par les différentes équipes.

POUR ALLER PLUS LOIN

La relation au savoir comme relation à la culture:

Dumont, Fernand (1994). *Le lieu de l'homme: la culture comme distance et mémoire*, 2e éd., Montréal, Fidès.

CHAPITRE

8

La relation pédagogique

Intentions pédagogiques

Après avoir lu ce chapitre et discuté de son contenu, vous devriez être en mesure de :

- connaître les qualités humaines souhaitables pour agir de manière professionnelle en enseignement ;
- prendre conscience des attentes sociales élevées relatives à l'éthique de la relation pédagogique ;
- être sensible aux risques liés à la proximité avec les élèves et éviter les conduites et situations compromettantes ;
- reconnaître que les enseignantes et enseignants sont responsables de la gestion de la relation pédagogique avec leurs élèves et dans toutes sortes de situations rencontrées à l'école.

Les enseignantes et enseignants interviennent auprès des élèves afin de les aider à apprendre et à se développer. La relation aux élèves ou relation pédagogique se trouve ainsi au cœur de la profession enseignante. C'est par amour des jeunes et par désir de contribuer à leur développement que beaucoup de personnes ont choisi de faire carrière en enseignement et que beaucoup d'entre elles demeurent dans l'enseignement malgré les difficultés de cette profession.

Nous allons envisager, dans ce chapitre, comment développer une *éthique relationnelle propre à l'enseignement tout en sachant que les acteurs scolaires, c'est-à-dire le personnel enseignant, le personnel professionnel non enseignant, les directions d'école, les parents et les élèves, sont très attentifs aux relations entre les enseignantes et enseignants et les élèves, et extrêmement sensibles à tout manquement en ce sens. D'ailleurs, quand on parle d'éthique professionnelle enseignante, la plupart des gens pensent immédiatement à la relation pédagogique, aux qualités humaines nécessaires pour enseigner, à la justice et à l'équité dans les relations avec les élèves, à la place du corps et de la sexualité, à l'intimité dans cette relation. La relation pédagogique est souvent considérée comme l'endroit le plus évident où une éthique professionnelle enseignante s'impose en raison de la vulnérabilité des élèves et du pouvoir d'intervenir du personnel enseignant. Cependant, comme nous l'avons vu dans les chapitres précédents et comme nous le verrons dans ce chapitre et le suivant, ce n'est certainement pas le seul endroit, même si c'est un point central.

8.1. Les qualités professionnelles des enseignantes et enseignants

La question des qualités personnelles nécessaires pour enseigner a souvent été posée dans l'histoire de la pédagogie. La tradition morale considérait que toute personne devait posséder et pratiquer certaines qualités appelées vertus pour être vraiment un homme ou une femme de qualité. Elle mettait aussi en évidence que chaque fonction sociale exigeait des qualités morales particulières. Un bon soldat devait être courageux, un bon commerçant, honnête et une bonne mère, dévouée. Bien sûr, ces qualités morales existent encore, mais l'éthique professionnelle les envisage plutôt comme des manières d'être à développer pour exercer une profession. Aussi, plutôt que de parler de qualités morales, on parle maintenant de qualités professionnelles.

Dans un texte consacré à la recherche des caractéristiques du professeur idéal, Hare (1993) établit une liste des qualités que possèdent les bons pédagogues reconnus par leurs élèves et leurs collègues. Il s'agit des qualités suivantes : le jugement, l'humilité de reconnaître les limites de son savoir, le courage d'aller à l'encontre des idées reçues, l'impartialité, l'ouverture d'esprit, l'empathie, l'enthousiasme et l'imagination. À cette liste déjà impressionnante, la philosophe de l'éducation Christiane Gohier (1999) ajoute « la cohérence ou congruence pour une personne entre ce qu'elle est, ce qu'elle fait et ce qu'elle dit ». On voit bien qu'un membre du corps enseignant à qui manqueraient totalement ces qualités serait incompétent, incapable de faire le travail demandé. On voit aussi surtout qu'il pourrait nuire considérablement à ses élèves et c'est justement ce que l'éthique professionnelle veut éviter à tout prix. Le jugement, par exemple, est important pour tout professionnel, car nous avons vu que la qualité de l'intervention repose sur la qualité du jugement professionnel. Une enseignante ou un enseignant qui manque de jugement ne peut prendre des décisions éclairées et justifiées qui sont le propre des professionnels. Et ce qui est plus grave encore, c'est que ses décisions ont des conséquences sur les élèves en ce qui a trait aux travaux à faire, à l'apprentissage, au rendement, à l'évaluation, au cheminement scolaire.

Les qualités professionnelles présentes dans la relation pédagogique font que cette relation devient significative et que l'élève peut s'appuyer sur l'enseignante ou l'enseignant pour apprendre. La pratique actuelle de l'éducation valorise d'ailleurs l'encadrement individualisé de chaque élève, ce qui exige de grandes qualités humaines et professionnelles. Si ce n'est pas le cas, non seulement l'élève peut perdre confiance en la personne qui lui enseigne, mais il peut aussi en arriver à perdre sa motivation à apprendre et développer une faible estime de soi, ce qui compromet son apprentissage et son développement. Les qualités professionnelles du personnel enseignant peuvent entraîner des répercussions sur la réussite des élèves et même sur leur vie personnelle. C'est une autre facette du pouvoir qu'ont les enseignantes et enseignants sur les élèves : ils doivent en être conscients et l'utiliser de façon responsable.

Les enseignantes et enseignants relèvent facilement que la conscience professionnelle, l'enthousiasme et l'engagement sont des qualités importantes pour leur pratique. Ils considèrent leur profession avant tout comme une relation aux élèves et ils se montrent très conscients du fait que l'éducation ne pourrait se réaliser sans un grand investissement professionnel de leur part auprès de leurs élèves.

8.2. La justice et la discrimination

L'école québécoise est une école pour tous. Non seulement est-elle obligatoire pour tous les jeunes, mais aussi est-elle fondée sur le principe de l'égalité d'accès de tous les élèves au savoir et à la culture. Chacun d'entre eux a le droit d'apprendre et d'être aidé à apprendre par le personnel enseignant. Le système scolaire est un service public, un des piliers de la société démocratique québécoise. C'est la raison pour laquelle les enseignantes et enseignants qui travaillent dans ce service public ont le devoir de s'impliquer auprès de tous les élèves, quelles que soient leurs caractéristiques. Bien que ce principe égalitaire soit accepté par tout le monde, il est parfois difficile à vivre dans les écoles. Rappelons-nous comme nous étions sensibles à toute marque d'injustice de la part d'un adulte quand nous étions des enfants, que ce soit à la maison ou à l'école. Les chouchous, par exemple, provoquent systématiquement la colère et la révolte. On en trouve un exemple au tableau 18.

Tableau 18
Un cas de favoritisme

Manon est la préférée de son professeur de français. Mme Dion la cite toujours en exemple ; elle lit à haute voix ses compositions, et lui donne des notes très élevées. Manon souffre de cette situation. Ses copines commencent à lui en vouloir. Manon ne sait pas comment mettre fin à ce *favoritisme* qu'elle n'a jamais souhaité. Certes, elle est une élève douée et appliquée, mais pas plus que d'autres élèves de sa classe. Manon ne comprend pas pourquoi Mme Dion l'a choisie. La chance nous a permis de rencontrer cette dernière, qui nous a parlé de Manon : « J'ai dans ma classe, cette année, une adolescente, raconte-t-elle, qui est tout le portrait de ma nièce qui est morte l'été dernier dans un accident d'automobile. Je ne peux pas m'empêcher de l'aimer plus que les autres. Je ne m'étais pas aperçue à quel point je la gênais par mon favoritisme. J'ai compris lorsque Louise, une autre élève peu douée, m'a dit en forme de boutade : "On sait bien, il n'y a que Manon qui soit correcte." Elle m'a ouvert les yeux. Je me suis excusée auprès de Manon et de tout mon groupe. Je crois que cette expérience difficile aura au moins servi à leur montrer que les adultes peuvent se tromper, en prendre conscience et se réajuster. »

Source : Valiquette et Ross, 1997, p. 80-81.

Le personnel enseignant fait face à des élèves qui ont tous le droit d'apprendre et d'être aidés à le faire et qui sont tous différents. Certains élèves ont besoin d'une aide constante alors que d'autres ont davantage besoin de liberté pour apprendre seuls. Les élèves doués n'ont pas les mêmes besoins que ceux qui ont des difficultés d'apprentissage et de comportement, mais ils ont tous besoin de leurs enseignantes et enseignants. Être équitable ne signifie pas donner tout le temps la même chose à tout le monde, mais plutôt aider chacun à apprendre. L'école actuelle répond à l'exigence de justice en favorisant une approche la plus individualisée possible et l'orientation des élèves dans des voies qui correspondent à leurs besoins et leurs intérêts.

La société québécoise s'est donnée une *Charte des droits et libertés de la personne* qui protège les droits individuels dans tous les domaines de la vie en société et qui prévient la discrimination. Les parents sont très sensibles aux droits de leurs enfants et à toute injustice, réelle ou seulement apparente, dont ces derniers pourraient être victimes. On nomme discrimination toute action qui n'accorde pas à une personne un traitement égal à celui accordé aux autres personnes, par exemple en ne considérant pas sa demande ou en lui refusant un service auquel elle a droit. La discrimination est une forme d'injustice, car elle pénalise les personnes qui en sont victimes dans une société où toutes les personnes ont les mêmes droits garantis par la loi. L'étiquetage d'un élève par ses difficultés d'apprentissage ou de comportement constitue un exemple de discrimination, car l'élève est alors réduit à un problème ou à un code. Quand une forme de discrimination envers un élève a lieu à l'école, elle compromet son droit à apprendre, c'est la raison pour laquelle le personnel enseignant a le devoir de l'éviter. La discrimination peut prendre des formes bien différentes, mais elle est toujours inacceptable. Le tableau 19 rapporte quelques exemples de discrimination qu'on pourrait retrouver en milieu scolaire et qu'il faut combattre.

Dans tous les cas de discrimination, les élèves ne sont plus considérés comme des élèves, c'est-à-dire comme des jeunes en situation d'apprentissage. Ils sont plutôt jugés sur des critères qui ne dépendent même pas d'eux et qui n'ont rien à voir avec le droit à une éducation de qualité. La discrimination risque aussi de s'étendre aux familles de ces élèves ou bien encore aux collègues qui partagent les mêmes caractéristiques. Il peut arriver que des enseignantes ou enseignants manifestent de l'injustice dans leurs comportements envers les élèves, de façon tout à fait involontaire, sans s'en rendre compte, car les relations personnelles sont teintées par les expériences passées, l'éducation et les sentiments de chacun. Ainsi, un enseignant qui a connu une jeunesse rebelle peut éprouver immédiatement de la sympathie envers des élèves à l'allure marginale au point de leur accorder une attention privilégiée et négliger les autres élèves qui se font moins remarquer. Une personne qui veut vraiment faire preuve de professionnalisme doit réfléchir à toutes ses attitudes et ses manières d'être envers ses élèves de façon à

Tableau 19
Quelques exemples de discrimination à l'école

- Le racisme, qui pénalise les élèves de races différentes ; par exemple, quand on refuse de s'occuper d'un élève de couleur sous un prétexte quelconque.
- Le sexisme, qui pénalise les élèves parce qu'ils sont des garçons ou des filles ; par exemple, quand on donne systématiquement la parole aux garçons.
- L'homophobie, qui pénalise les élèves qui sont ou paraissent homosexuels ; par exemple, quand on tolère les insultes et les moqueries envers eux.
- La discrimination sociale, qui pénalise les élèves qui sont différents, marginaux, pauvres, étrangers, handicapés ; par exemple, quand on refuse un élève différent dans sa classe sous prétexte d'un manque de temps ou de formation spécialisée.
- La discrimination pédagogique, qui identifie et réduit l'élève à ses difficultés d'apprentissage ou de comportement.
- La discrimination religieuse ou culturelle, qui pénalise les élèves de certaines religions ou appartenant à certaines cultures ; par exemple, quand on laisse les élèves confondre l'islam et le terrorisme et qu'on ne corrige pas cette fausse conception.
- La discrimination affective, qui accorde un traitement privilégié aux élèves qui présentent certains traits de personnalité au détriment des autres élèves de la classe ; par exemple, quand on a des élèves préférés, des chouchous.
- La discrimination esthétique, qui pénalise les élèves qui ne paraissent pas beaux ou ne sont pas à la mode (Remy, Lebourq et Cousin, 2002) ; par exemple, quand on place les plus beaux élèves au premier rang, qu'on leur fait des compliments publics sur leur apparence, qu'on leur accorde plus d'attention qu'aux autres élèves.

éviter le plus possible de prendre des décisions injustes qui pourraient nuire à sa relation avec ces derniers, à leur développement et à la réputation de sa profession. Cela nécessite parfois de remettre en cause des perceptions, des habitudes profondes et des réactions spontanées, au nom du bien des élèves.

8.3. La séduction pédagogique

Les élèves sont des garçons et des filles ; le personnel enseignant est composé d'hommes et de femmes. Ces éléments ont des répercussions sur la relation pédagogique. Le jour de la rentrée des classes, par exemple, que répond un élève de première année à ses parents qui lui demandent qui est son enseignant : « C'est un homme ! » ou bien plus souvent « C'est une femme ! » L'attrait sexuel, le désir, les histoires d'amour existent à l'école et dans les salles de classe comme dans tous les groupes sociaux. Et ces phénomènes peuvent exister aussi bien entre les enseignantes et enseignants et leurs élèves qu'entre les élèves eux-mêmes.

Nous allons examiner maintenant comment les enseignantes et enseignants peuvent assumer leur rôle professionnel sans se laisser déborder par le fait que les relations pédagogiques sont inévitablement des *relations sexuées. Elles le sont d'autant plus que la mode favorise le port de vêtements sexy chez les élèves de plus en plus jeunes. Rien ne sert de le nier, autant l'assumer de façon responsable. Nous envisagerons deux cas de figure. Dans le premier cas, ce sont les élèves qui ont des comportements de séduction entre eux ou bien envers le personnel enseignant. Dans le second cas, ce sont les enseignantes ou enseignants qui ont des comportements séducteurs envers les élèves.

8.3.1. Les élèves séducteurs

Dans la culture actuelle, les personnes sont incitées à prendre soin de leur corps, à le dénuder, à le parer, à le montrer pour réussir dans la vie et avoir du succès en amour. Les jeunes sont encouragés par les médias, parfois même par leurs pairs et par leur environnement, à adopter ces comportements de plus en plus tôt. Le maquillage, le vernis à ongles, les cheveux colorés, les bijoux, le *piercing* et le tatouage entrent à l'école avec les élèves. Il arrive qu'on leur demande s'ils ont un amoureux, et cela, dès le préscolaire. Il s'agit d'un mouvement actuel d'*érotisation précoce des jeunes qui fait que leurs préoccupations pour l'image, le succès sexuel et l'amour commencent bien avant la puberté. Les vêtements et les attitudes des élèves sont plus ou moins consciemment sexy à l'école.

Les enseignantes et enseignants qui sont en relation constante avec ces jeunes ne peuvent que constater ces comportements qui ne les laissent pas indifférents. Certaines écoles réagissent en imposant un costume obligatoire pour éviter les tenues trop provocantes, mais il est beaucoup plus difficile d'empêcher des comportements de séduction de la part des élèves.

Au primaire, les enseignantes et enseignants doivent parfois gérer des conflits et des jalousies amoureuses qui perturbent les élèves et leur rappeler pourquoi ils sont à l'école. Au secondaire, il leur faut parfois recadrer la relation qu'ils ont avec leurs élèves comme une relation pédagogique et non une relation amicale ou amoureuse, ce qui est particulièrement nécessaire quand la personne est jeune et nouvelle dans la profession. Au primaire comme au secondaire, les enseignantes et enseignants peuvent avoir à faire face à des élèves qui utilisent leur charme pour obtenir un traitement privilégié, de l'attention, de l'admiration ou de meilleures notes.

Devant ces comportements, comme professionnels, les enseignantes et enseignants doivent rappeler aux élèves que l'école est un lieu pour apprendre et que leur rôle d'adulte est exclusivement d'aider à apprendre et à se développer. Plus le personnel enseignant est conscient de son rôle de professionnel de l'enseignement, plus il lui est facile de ne pas se laisser glisser sur la voie du flirt avec un élève.

Il est bien clair que les jeunes élèves testent leur pouvoir de séduction sur les adultes de leur environnement, dont le personnel enseignant. Mais il est tout aussi clair que c'est le personnel enseignant qui est le maître du jeu à l'école et, par là, le responsable de la relation pédagogique. Si c'est nécessaire, il revient aux enseignantes et enseignants de rappeler pourquoi ils sont à l'école et que leur rôle ne leur permet pas d'être des amis, ni des flirts, ni des amoureux, ni des amants.

La dimension *érotique est impossible à évacuer complètement de la relation pédagogique, mais elle peut être gérée de façon professionnelle et de façon éthique. Cependant, si un membre du corps enseignant est troublé ou perturbé par les attitudes ou les comportements de certains élèves, il serait préférable pour lui et pour ses élèves qu'il cherche de l'aide auprès de collègues, de la direction ou de ressources spécialisées plutôt que de nier ces difficultés.

8.3.2. La proximité relationnelle entre les enseignants et les élèves

Les enseignantes et enseignants utilisent leurs ressources personnelles, leur voix, leur corps, leur charme, leur personnalité pour enseigner. Ils s'investissent dans leur travail et mettent souvent tout en œuvre pour établir une bonne communication avec les élèves, pour se rapprocher d'eux afin de les aider et les stimuler à apprendre. Il arrive parfois que cette communication devienne plus personnelle, plus exclusive, plus intime. La relation pédagogique devient alors une relation amoureuse ou une relation de séduction et, dans ces deux cas, l'enseignante ou l'enseignant manque d'éthique professionnelle.

Dans la relation amoureuse, les sentiments amoureux et le désir sexuel envahissent la relation pédagogique, le plus souvent à la grande surprise des personnes concernées. Ce ne sont plus un enseignant et un élève qui se trouvent maintenant face à face, mais un adulte masculin ou féminin et un jeune masculin ou féminin. De tels cas surviennent surtout à la fin du secondaire, au collégial et à l'université. L'enseignante ou l'enseignant va généralement essayer de maintenir la relation pédagogique indépendamment des sentiments qui la colorent, mais il lui sera difficile de garder une réelle objectivité devant cet élève et une justice collective devant sa classe. Il lui serait difficile de justifier cette relation auprès des parents de l'élève mineur. Les parents pourraient d'ailleurs intenter une poursuite judiciaire contre l'enseignante ou l'enseignant pour détournement de mineur ou pédophilie parce qu'il s'agit d'un abus de sa position d'autorité.

Pour toutes ces raisons, on recommande au personnel enseignant de garder une certaine distance émotive par rapport aux élèves et de mettre fin à toute relation étroite avec un élève tant et aussi longtemps qu'il lui enseigne. Il revient aussi à l'enseignante ou l'enseignant de dire nettement à un élève qui lui déclare son amour que cet amour est impossible : toute ambiguïté à ce sujet est dangereuse pour l'élève et pour l'enseignant. Comme professionnel, l'enseignante ou l'enseignant ne peut être tenu responsable du fait d'être amoureux ou d'être aimé par un élève, mais il reste toujours responsable de la gestion de la relation pédagogique qu'il doit orienter vers l'apprentissage de l'élève et non pas en fonction de ses sentiments personnels.

Dans la relation de séduction, l'enseignante ou l'enseignant utilise la relation pédagogique pour avoir un contact de plus en plus étroit avec les élèves, car cette proximité lui apporte une satisfaction personnelle et du plaisir. Il peut, par exemple, partager des confidences et en exiger en retour, donner des marques d'affection et en demander, toucher l'élève et demander des contacts, exprimer une préférence et exiger un retour équivalent d'attention exclusive. Dans tous ces cas, l'enseignante ou l'enseignant utilise son statut professionnel pour avoir un contact intime et privilégié avec un ou des élèves. Or ce contact particulier n'est absolument pas nécessaire pour enseigner et, de plus, il peut perturber l'élève qui est alors singularisé ou préféré. On voit bien que nous ne sommes pas loin de l'abus sexuel, qui est inacceptable dans une relation professionnelle et encore plus inacceptable dans une relation éducative (Desaulniers, 1998). Les enseignants n'ont tout simplement pas le droit d'utiliser leurs élèves pour avoir une vie sentimentale ou sexuelle. Non seulement ces derniers ne sont pas en mesure de refuser leurs demandes, mais ils sont en droit d'attendre d'autres relations que celle-là avec les adultes qui leur enseignent.

La séduction pédagogique est un risque de la relation pédagogique dont il est préférable d'être conscient de façon à garder en vue constamment les buts de l'enseignement, l'apprentissage et le développement des élèves. En gardant le cap sur ces finalités, les enseignantes et enseignants maintiennent la nature professionnelle de la relation pédagogique. Un enseignant conscient du risque de la séduction peut plus facilement déceler des indices de dérapage et réagir quand il constate que sa relation avec ses élèves prend une tournure trop personnelle. Il peut toujours se réajuster, chercher et trouver la bonne distance avec les élèves, celle qui permet d'apprendre et d'aider à apprendre. C'est sa responsabilité.

8.4. Le contact physique enseignant-élèves

Nous avons vu, dans le troisième chapitre, que la loi et les règlements scolaires interdisent certains contacts physiques entre les enseignants et leurs élèves, soit les abus physiques et les abus sexuels. Nous avons vu aussi, dans le sixième chapitre, que les enseignants interviennent dans l'apprentissage des jeunes et dans leur développement. Or cette intervention pédagogique peut passer quelquefois par un contact physique, un geste qui touche l'élève. Il faut maintenant examiner plus attentivement quels contacts physiques sont acceptables et formateurs dans la relation pédagogique, car il y en a !

8.4.1. Le besoin de contact physique

Pour commencer, il serait utile de rappeler quelques éléments importants sur le contact physique entre les personnes, éléments que notre société a tendance à négliger par peur de l'abus sexuel.

D'abord, le contact physique fait partie de la communication entre les personnes. Plus une communication est étroite, plus le contact physique est toléré par les personnes et considéré comme une marque d'affection, de soutien, de chaleur. La relation pédagogique n'échappe pas à cette règle. Le contact le plus étroit est probablement celui de la mère et son nouveau-né, sans lequel le bébé ne peut se développer.

Ensuite, tout être humain a besoin de contacts physiques avec les autres personnes pour se sentir vivant et se développer, quel que soit son âge. Éviter tout contact physique envers les élèves est une stratégie de défense et de protection qu'on peut comprendre de la part de certaines personnes craintives, mais elle n'est pas viable. Il arrive toujours un moment où un contact physique volontaire ou involontaire avec un élève a lieu. Mais surtout, l'absence de contact physique prive les élèves et le personnel enseignant d'une chaleur et d'une spontanéité qui font la richesse de la relation pédagogique et une partie du plaisir d'enseigner.

Un dernier élément, enfin, de nature plus générale, nous montre que chaque société possède ses propres codes relatifs au contact physique. Les Québécois sont influencés, d'un côté, par leurs traditions françaises qui les laissent assez libres en ce qui concerne les contacts physiques comme les accolades, les serrements de mains et les baisers et, d'un autre côté, par les traditions anglo-saxonnes qui leur inspirent des comportements beaucoup plus réservés à cet égard. Ils tiennent généralement à un certain espace entre les personnes, la fameuse bulle protectrice qui rend notre vie sociale tolérable.

Le mouvement de *pénalisation de l'abus physique et de l'abus sexuel, qui est très important en Amérique du Nord, a influencé le Québec et rendu la population méfiante envers les contacts physiques entre les adultes et les jeunes, tout particulièrement entre les personnes chargées d'éducation et les enfants. Le contact physique est donc sous haute surveillance dans notre société, mais cela ne veut pas dire qu'il soit impossible à l'école.

8.4.2. Les types de contacts physiques professionnels

Les contacts physiques entre le personnel enseignant et les élèves font partie de la relation pédagogique. Ils répondent à certains besoins de communication et constituent aussi une marque de confiance dans la relation pédagogique. Ces contacts sont importants pour le développement et l'apprentissage des élèves, surtout si ces derniers sont jeunes. Il est notamment impossible et impensable d'enseigner au préscolaire sans toucher les élèves. Ainsi, il existe des conditions qui font que le contact physique à l'école est professionnel, donc acceptable.

En général, les contacts physiques de la part du personnel enseignant sont légitimes s'ils favorisent l'apprentissage et la poursuite des finalités de l'école – instruire, socialiser et qualifier –, car c'est dans cette mesure qu'ils sont des gestes professionnels et qu'ils peuvent être expliqués aux élèves ou à leurs parents si ces derniers manifestent de l'inquiétude. À ce sujet, les enseignantes et enseignants ont avantage à se renseigner sur les cultures et les traditions des élèves *néo-québécois qui sont dans leurs classes, car leurs normes de contacts physiques peuvent être très différentes de celles du Québec. Toucher la tête d'un élève thaïlandais, par exemple, est un acte intolérable car, selon sa culture, on touche ainsi directement son âme.

Quand un contact physique est expliqué et justifié au point de vue pédagogique, il est acceptable et accepté. Quand l'enseignante ou l'enseignant prend le temps de prévenir l'élève du geste qu'il va poser, en le justifiant, toutes les précautions de prudence nécessaires sont alors en place. Cette nécessité de prévenir de tout contact, en particulier s'il est contraignant, est d'ailleurs un des points saillants des jugements de la Cour suprême mentionnés dans le troisième chapitre.

Un dernier élément est important, c'est l'aspect public du geste. Un geste posé dans une classe, dans un gymnase, dans la cour de récréation ou dans les corridors est un geste public qui est assumé devant les autres. À l'opposé, un abus sexuel n'aura jamais lieu en public, mais à l'écart, en cachette. Cela explique pourquoi certains enseignants ne travaillent que la porte ouverte et ne rencontrent plus d'élèves seul à seul. Le meilleur rempart contre les interprétations farfelues ou les soupçons d'abus est une conduite claire, cohérente, ouverte et justifiée.

Pour maîtriser les gestes pédagogiques, il faut prendre le temps de réfléchir aux contacts physiques qu'on pose ou qu'on pense pouvoir poser : il faut être prêt à les expliquer. Il est important aussi de développer une certaine sensibilité devant ses propres réactions au contact avec autrui et aux réactions des autres. Une enseignante ou un enseignant qui remarque une gêne, un embarras ou un mouvement de recul d'un élève à la suite d'un contact physique devrait se demander s'il en a vraiment besoin pour faire son travail d'enseignement et essayer de comprendre les réactions de l'élève, qu'il peut d'ailleurs interroger directement. Il devrait aussi systématiquement s'abstenir de tout geste qui provoque une réaction sexuelle chez l'élève ou chez lui, même involontairement (voir l'Annexe 7, p. 225). Le tableau 20 rapporte diverses formes de contact physique entre le personnel enseignant et les élèves, ainsi que des exemples de comportements appropriés pour chacune des formes.

Avec la dernière catégorie de contacts physiques, le contact de contrôle, nous arrivons à la question du contrôle de la violence des élèves par les enseignantes et enseignants.

Tableau 20
Les contacts physiques de nature professionnelle entre le personnel enseignant et les élèves

Les contacts d'apprentissage de gestes spécifiques	Ce sont des gestes permettant le développement d'habiletés techniques chez les élèves. Exemples : aider un élève du préscolaire à faire une boucle à ses lacets en lui prenant la main, tenir le crayon dans la main d'un élève de première année, démontrer un mouvement en éducation physique en tenant une jambe, tenir la main d'un élève qui apprend une technique professionnelle.
Les contacts affectifs	Ce sont des contacts de réconfort, d'encouragement ou de félicitations qui visent à motiver les élèves ou à leur assurer une rétroaction évidente. Ces contacts sont modulables selon l'âge des élèves. Les accolades, par exemple, sont limitées au préscolaire et au primaire. Exemples : donner une petite tape sur l'épaule ou dans le dos, toucher l'avant-bras, donner une accolade, taper dans la main ouverte.
Les contacts de sécurité	Ce sont des gestes visant à protéger les élèves ou à prévenir des accidents. Exemples : arrêter un élève qui court dans un escalier, pousser un élève pour lui éviter de recevoir un projectile, lui enlever des mains un objet dangereux.
Les contacts de contrôle	Ce sont des gestes permettant de contrôler des comportements inacceptables à l'école. Exemples : séparer deux élèves qui se battent, amener un élève hors de la classe, faire asseoir un élève ou lui tenir l'épaule pour le calmer.

8.5. Le contrôle de la violence à l'école

La violence existe dans la société et dans les écoles. C'est un problème social et relationnel auquel les enseignantes et enseignants font face et dont ils peuvent, eux aussi, être les victimes. Nous abordons maintenant le cas des gestes violents posés par les élèves, qui peuvent survenir dans la classe ou dans l'école, et les interventions possibles dans ces circonstances.

Le principe selon lequel on ne peut pas moralement combattre la violence par la violence s'applique à l'école. Les enseignantes et enseignants n'ont pas le droit d'utiliser la violence pour arrêter un élève violent. Ils peuvent cependant demander d'arrêter le comportement violent, rappeler le règlement de l'école, donner un avertissement quant à ses conséquences, appliquer le règlement, amener l'élève violent chez le directeur. Ils peuvent donc intervenir.

En cas de comportement incontrôlable qui pourrait mettre en danger un ou des élèves, le personnel enseignant peut faire appel à la psychoéducatrice ou au psychoéducateur de l'école, qui a reçu une formation plus spécifique pour contrôler les élèves violents. Pour des raisons de prudence, l'immobilisation sera effectuée plutôt par le psychoéducateur que par l'enseignant, mais cela ne veut pas dire que le personnel enseignant n'a aucun rôle en ce qui concerne la violence scolaire.

L'école a pour fonction de socialiser les élèves et cette socialisation passe par l'apprentissage de moyens d'exprimer son désaccord ou sa colère autrement que par la violence physique. La violence constitue un manque de respect d'autrui qui n'est pas plus acceptable dans la société que dans l'école.

L'une des formes de violence qui sévit actuellement à l'école est l'intimidation (ou *bullying*) et le taxage (ou extorsion) qui en est souvent la conséquence. Par intimidation, on entend toute remarque ou geste qui dévalorise publiquement, intentionnellement et de façon répétée une personne ciblée. L'intimidation est habituellement le fait de quelques élèves, mais elle peut contaminer un groupe ou une classe complète. Ce n'est pas une forme banale de plaisanterie, mais une atteinte directe à l'estime de soi et à la sécurité de la personne qui en est la victime. L'apprentissage des élèves intimidés est compromis, leur scolarité également. Dans certains cas des élèves intimidés ont quitté l'école, d'autres ont fugué et d'autres se sont enlevé la vie. Le taxage est une intimidation à base de paroles et de gestes qui oblige une ou un élève à céder des objets personnels ou de l'argent à une autre personne ; c'est une forme de vol accompagnée de violence. Les enseignants ne peuvent demeurer indifférents devant des actes qui limitent ainsi le droit d'apprendre de certains élèves, car ils sont garants de ce droit dans l'école et dans leur classe. Ils ne peuvent non plus demeurer silencieux s'ils sont témoins de ces types de violence à l'école, car leur devoir de citoyens et de professeurs les oblige à signaler toute personne mineure dont le développement et la sécurité sont compromis, selon la *Loi sur la protection de la jeunesse*. Ils doivent intervenir pour aider les élèves et les adultes de l'école à réfléchir à ces comportements, démontrer une solidarité protectrice envers les élèves qui sont victimes, dénoncer ces comportements quand ils en sont les témoins.

Dans la mesure où le monde de la communication et des réseaux sociaux pénètre dans l'école avec les jeunes et les adultes, la cyberintimidation fait désormais partie de la réalité du monde scolaire. C'est une forme nouvelle de violence qui sévit chez les élèves et chez les adultes. Il s'agit d'une forme d'intimidation psychologique moins visible, mais dont la présence est continue car elle est transmise par différents moyens de communication électronique comme les cellulaires, les sites Web et les blogues, les bavardoirs, les jeux de rôles ou d'aventures à utilisateurs multiples et les profils en ligne. Selon les moyens disponibles, l'intimidation peut être verbale (téléphones cellulaires) ou écrite (messages incendiaires, menaces, insultes raciales, sexuelles ou homophobes (Shariff, 2008).

Une récente enquête de la Centrale des syndicats du Québec montre que 40% des membres connaissent au moins une personne ayant été la cible de cyberintimidation, alors que c'était 27% en 2008 (CSQ-CROP, 2011). Il est probable que les enseignants sont de plus en plus sensibilisés à cette réalité comme adultes, et qu'ils doivent maintenant faire de la prévention à ce sujet dans l'école et intervenir lorsque c'est nécessaire.

Le personnel enseignant a un rôle important de prévention de la violence, qui peut être exercé de diverses manières. Le tableau 21 donne quelques exemples d'actions qui peuvent être posées pour prévenir la violence.

Tableau 21
Quelques exemples d'actions qui préviennent la violence

- Apprendre aux élèves à verbaliser leurs émotions et sentiments;
- Développer la coopération et l'entraide dans l'apprentissage en classe et à l'école;
- Mettre en place des règles de vie et les faire respecter;
- Mettre en évidence les marques de respect et de solidarité entre élèves;
- Instituer un conseil de coopération;
- Arrêter les comportements violents dès le début de leur manifestation;
- Former des élèves médiateurs;
- Participer à des programmes de prévention de la violence à l'école;
- Recourir aux services complémentaires pour les élèves qui semblent victimes de violence;
- Collaborer avec les services complémentaires, la direction de l'école et les parents des élèves violents;
- Réfléchir et discuter avec les élèves à partir des situations de violence qui arrivent dans la classe, dans l'école ou dans le monde.

Bien évidemment, la prévention de la violence implique que les enseignantes et enseignants n'aient pas recours eux-mêmes à des gestes violents quand ils enseignent, même quand ils font face à des comportements violents de la part des élèves. Toute personne à l'école qui sent que sa tolérance aux élèves violents diminue et que son impatience grandit est à risque de devenir violente elle-même. Son devoir est de demander de l'aide à ses collègues, à sa direction ou à la Direction des ressources humaines de sa commission scolaire, qui dispose généralement de services d'aide aux employés. Reconnaître ses limites fait partie de toute compétence professionnelle.

8.6. La confidentialité

La relation pédagogique est une relation interpersonnelle dans laquelle l'échange et la confiance sont importants. Les enseignantes et enseignants qui sont proches de leurs élèves ou qui simplement les écoutent ont accès à de nombreux renseignements sur leur vie personnelle et familiale. Bien que ces renseignements ne concernent pas directement l'apprentissage des élèves, ils permettent de mieux comprendre leurs difficultés à apprendre et donc de les aider.

Plus les élèves sont jeunes, plus l'échange de renseignements est fréquent et spontané. Les petits du préscolaire racontent tout, même ce que les parents préféreraient ne pas ébruiter comme leurs problèmes de santé, d'argent ou leurs conflits familiaux. L'enseignante est bien souvent la première à être au courant du divorce des parents. De plus, les élèves qui se sentent en confiance avec un enseignant peuvent lui confier des difficultés personnelles comme des problèmes d'argent, de sexualité, de dépendance. L'enseignant peut diriger ces élèves vers des ressources appropriées s'il considère qu'ils ont besoin d'aide spécialisée. Les renseignements personnels ainsi obtenus ne devraient pas être diffusés, à l'exception des cas de négligence, d'abus physique ou sexuel, qui doivent obligatoirement être signalés au Directeur de la protection de la jeunesse.

Il arrive que des renseignements personnels sur un élève soient partagés lorsque le cas de cet élève est analysé en réunion pédagogique. Il s'agit alors d'une étude de cas qui obéit à des règles précises : on ne partage que l'information pertinente entre collègues, on recherche des solutions et on confie l'élève à des ressources spécialisées si nécessaire. Ces réunions confidentielles ont lieu dans une salle de réunion fermée et leur contenu ne doit pas être divulgué. Seule la décision issue de la réunion est communiquée aux personnes concernées. Il serait contre toute éthique que des informations personnelles sur les élèves soient échangées entre enseignantes et enseignants dans leur salle de travail, dans les corridors ou dans la cour de récréation, même de façon involontaire, même pour mieux comprendre un élève.

En général, il faut être prudent dans l'échange informel d'informations entre collègues quand elles concernent autre chose que l'apprentissage de l'élève et sa conduite en classe et dans l'école. Et, même dans ce cas, une conversation avec un collègue peut fausser la perception si ce collègue a eu des difficultés avec un élève. Un préjugé peut pénaliser un élève injustement et même s'étendre à ses frères et sœurs plus jeunes s'ils fréquentent la même école que lui. Les rumeurs scolaires peuvent être dévastatrices et détruire la réputation d'un élève, d'une famille ou d'un collègue. Les enseignantes et enseignants sont responsables de ce qu'ils disent.

Le respect de la confidentialité est un élément important de l'éthique professionnelle. Nous avons vu que dans la relation de service que les professionnels ont avec leurs clients, le partage d'informations personnelles est important. C'est pour maintenir la relation de confiance et protéger les clients que le secret professionnel est exigé. Les enseignantes et enseignants professionnels sont tenus, pour les mêmes raisons, à un devoir de réserve et de discrétion.

Si les informations personnelles sont à manipuler avec soin entre collègues, elles le sont encore davantage devant les élèves. Dans ce cas, il n'est plus question de discrétion mais de silence. Les élèves ont droit au respect de leur vie privée, surtout de la part des adultes en qui ils ont confiance.

Sur le plan administratif, les commissions scolaires disposent de renseignements *nominatifs sur les élèves. Ces renseignements sont consignés dans leur dossier scolaire et, s'il y a lieu, dans leur dossier d'aide particulière ou leur dossier professionnel des services éducatifs complémentaires. Ces dossiers ne peuvent être consultés que par les personnes autorisées, ils sont gardés en lieu sûr et même sous clef en ce qui concerne les dossiers professionnels. Chaque commission scolaire s'assure de respecter la *Loi sur l'accès aux documents des organismes publics et sur la protection des renseignements personnels* en établissant un règlement interne ou un guide de gestion des dossiers personnels des élèves.

Finalement, le respect de la confidentialité est un aspect du respect des personnes et c'est pourquoi il concerne l'éthique. Les enseignantes et enseignants bâtissent leurs interventions sur la confiance au sein de la relation pédagogique et sur la crédibilité de leur profession. Ces deux éléments peuvent être fortement endommagés par de l'indiscrétion ou par la diffusion d'informations privilégiées.

La relation pédagogique est une relation interpersonnelle qui permet aux jeunes de grandir avec l'aide d'adultes professionnels et responsables. Ce n'est pas une relation facile et mécanique. Les enseignantes et enseignants ne travaillent pas sur le mode de la conduite automatique. L'éthique professionnelle les aide à établir avec leurs élèves la bonne distance qui permet à ceux-ci d'être protégés dans leur apprentissage et leur développement. L'éthique nous rappelle constamment que ce sont les enseignantes et enseignants, et non les élèves, qui sont responsables de la qualité de cette relation pédagogique sans laquelle l'enseignement est impossible.

QUESTIONS D'APPROFONDISSEMENT ET DE DISCUSSION

1. En vous reportant à votre expérience d'élève et d'enseignant, donnez un exemple d'action réalisée par une enseignante ou un enseignant, qui illustre chacune des qualités mentionnées au tableau 22.

Tableau 22
Lien entre les qualités professionnelles et les gestes posés

Qualités professionnelles des enseignantes et enseignants	Action illustrant cette qualité dans l'intervention professionnelle
Le jugement	
L'humilité	
Le courage	
L'impartialité	
L'ouverture d'esprit	
L'empathie	
L'enthousiasme	
L'imagination	
La cohérence	
La conscience professionnelle	
L'engagement	

2. Parmi les qualités professionnelles présentées dans le tableau 22, précisez laquelle vous semble la plus importante pour enseigner? Justifiez votre réponse.

3. Parmi les qualités professionnelles présentées dans le tableau 22, quelle est la qualité dont vous pensez faire preuve le plus souvent en enseignant? Et celle que vous pensez posséder le moins actuellement? Que pouvez-vous faire pour améliorer cette situation?

4. Vers quels types d'enfants ou d'adolescents vous sentez-vous spontanément attiré ? Par exemple, les sportifs, les timides, les originaux, les malheureux, les petits roux à lunettes, etc. ? Pourquoi ?

5. Existe-t-il d'autres types de discrimination scolaire que ceux qui sont traités dans ce chapitre ? Lesquels ? Justifiez votre réponse.

6. En quoi la justice est-elle liée à l'impartialité, qui est considérée comme une qualité professionnelle pour le personnel enseignant ?

7. Pour agir en tant que professionnelle responsable, que pourrait faire une enseignante qui se sent de plus en plus attirée par un élève ?

8. Retournez au troisième chapitre et relisez la partie sur les devoirs des enseignants mentionnés dans la *Loi sur l'instruction publique*. Que dit-on sur la discrimination ? Que retenez-vous de cette analyse pour orienter votre pratique professionnelle ?

■ ATELIER

TRAVAIL EN ÉQUIPE : ÊTRE EN RELATION AVEC LES ÉLÈVES

Dans la cour de récréation, un collègue enseignant ne répond qu'aux questions et aux demandes des filles.

► **Première étape : répondez individuellement aux questions suivantes**

- Quel est le problème éthique lié à ce comportement ?
- Quelles peuvent en être les conséquences ?
- Que pourriez-vous faire dans cette situation pour aider cet enseignant ?

► **Deuxième étape : en équipe, partagez vos réponses avec vos coéquipiers. Puis, répondez aux questions suivantes**

- Pourquoi l'entraide professionnelle peut-elle favoriser le développement professionnel ?
- Nommez des exemples d'entraide professionnelle que vous avez observés ou vécus.
- En quoi ces exemples ont-ils permis aux personnes de mieux vivre leur vie professionnelle ?

► **Troisième étape : retour en grand groupe**

Une personne par équipe présente comment l'entraide professionnelle peut être source de développement professionnel.

POUR ALLER PLUS LOIN

La cyberintimidation:

RÉSEAU EDUCATION–MÉDIAS, <http://www.media-awareness.ca/francais/index.cfm>, consulté le 25 octobre 2011.

Un roman à propos de l'intimidation:

Pilon, Marc-André (2011). *La revanche du myope*, Bourcherville, de Mortagne.

La relation éducative:

Postic, Marcel (2001). *La relation éducative*, Paris, Presses universitaires de France.

CHAPITRE

9

La relation aux collègues et à la société

Intentions pédagogiques

Après avoir lu ce chapitre et discuté de son contenu, vous devriez être en mesure de :

- comprendre le contexte institutionnel scolaire actuel ;
- préciser les responsabilités professionnelles des enseignantes et enseignants en tant que membres de la communauté éducative ;
- considérer l'engagement comme une valeur professionnelle ;
- connaître les différentes formes de participation professionnelle du personnel enseignant dans le milieu de travail qu'est l'école ;
- considérer les aspects éthiques des relations des enseignants avec leurs collègues, avec les autres professionnels en milieu scolaire et avec les parents ;
- saisir ce que désigne la notion de professionnalisme collectif.

L'école est le lieu de travail des enseignantes et enseignants et le lieu d'exercice de leur éthique professionnelle. C'est dans des établissements particuliers de cette institution qui vise le développement des personnes que le personnel enseignant met en pratique ses compétences professionnelles, y compris celles relatives à l'éthique professionnelle.

Jusqu'à maintenant, il a beaucoup été question de la responsabilité et de l'éthique professionnelle assumées individuellement par les membres du corps enseignant. Dans ce chapitre, nous allons voir comment les enseignantes et enseignants peuvent également développer leur éthique professionnelle avec les autres adultes de l'école qui partagent avec eux la tâche d'éduquer les élèves. Nous sortons de la classe pour plonger dans l'école. Dans cette optique, il est important de considérer les enseignantes et enseignants non comme des personnes isolées qui travaillent exclusivement dans leur classe avec leurs élèves, mais comme des « membres d'une communauté éducative plus large qui s'étend à l'école et même en dehors de ses murs ». Cette expression, utilisée par le Conseil supérieur de l'éducation en 1998 dans son avis consacré à l'école secondaire, est valable pour toutes les écoles. Les enseignants travaillent avec des collègues, des parents et des professionnels dans le cadre d'une école. Nous allons donc maintenant envisager la dimension collaborative et institutionnelle de l'éthique professionnelle enseignante.

9.1. Un nouveau contexte social et légal pour l'école

Depuis la fin des années 1990, le mode de fonctionnement de l'école québécoise a subi des modifications considérables en raison de la *décentralisation du système éducatif et de la réforme de l'éducation. Chacun de ces changements a entraîné des répercussions importantes sur le rôle des membres du corps enseignant, sur leur pouvoir dans l'école et sur leurs responsabilités professionnelles.

La décentralisation du système éducatif provient d'une décision de l'État de passer d'un niveau de décision centralisé à un pouvoir de décision assumé par l'administration locale, c'est-à-dire par les commissions scolaires et les écoles. Le partage des pouvoirs entre le ministère de l'Éducation, du Loisir et du Sport, les commissions scolaires et les écoles, qui a résulté de cette décentralisation, donne davantage de pouvoir aux écoles. Maintenant chaque école a la possibilité, et même la responsabilité, de prendre davantage de décisions quant à son fonctionnement et son orientation. Chaque école peut, par exemple, organiser un enseignement enrichi, avoir des classes mixtes ou non, mettre en place des programmes spécialisés ou internationaux. Les enseignantes et enseignants peuvent avoir leur mot à dire par rapport à tous ces changements qui affectent considérablement leurs tâches. Pour ce faire, ils peuvent participer aux conseils d'établissements prévus par la *Loi sur l'instruction publique* puisque ce sont les lieux de prise de décision dans les écoles. Non seulement ils le peuvent, mais ils le doivent. En effet, la loi précise le nombre d'enseignants qui doivent obligatoirement faire partie de ce conseil, de même d'ailleurs que les autres catégories de membres.

La réforme repose sur le travail des enseignantes et enseignants, qui sont considérés comme autonomes et responsables. C'est ainsi qu'ils sont invités à devenir davantage maîtres d'œuvre de leur travail, à prendre des décisions pédagogiques et à les assumer, à la fois individuellement et avec leurs collègues. Cette forme de responsabilité partagée se traduit dans le travail d'équipe donnant lieu, par exemple, à l'élaboration de matériel ou de projets ainsi qu'à la collaboration entre collègues à l'intérieur de projets pédagogiques avec leurs élèves. Elle se manifeste également lorsque des personnes plus expérimentées veillent à l'intégration du nouveau personnel enseignant, pratique qui a tout avantage à se faire à l'intérieur d'une équipe ou d'un groupe. Elle peut aussi prendre la forme d'encadrement et de formation des stagiaires par le personnel enseignant de l'école. Ce qui est visé par la responsabilité partagée, c'est un travail de collaboration entre collègues, une véritable entraide, une certaine *collégialité.

Pour mettre en pratique cette collégialité, les enseignantes et enseignants ont besoin d'exercer leur autonomie collective et pas seulement leur autonomie individuelle, de discuter, de prendre des décisions, de les assumer et de les justifier collectivement. Ils deviennent responsables ensemble du travail réalisé ensemble. Nous avons vu au troisième chapitre consacré à l'encadrement légal et réglementaire de la profession enseignante que les enseignants sont tenus à des comportements exemplaires avec tous les élèves et non pas seulement avec leurs élèves, et que leur influence s'étend bien au-delà de leur classe. Cette nouvelle façon de concevoir et de vivre l'enseignement suppose que les personnes partagent des buts éducatifs et développent des méthodes de travail moins teintées d'individualisme et plus orientées vers la collaboration pour le bénéfice des élèves et des collègues.

La décentralisation du système éducatif et la réforme de l'éducation ont ainsi introduit des changements substantiels par rapport à l'exercice du pouvoir en milieu scolaire, de sorte que les écoles et le personnel enseignant détiennent désormais davantage de pouvoir et d'autonomie, mais aussi davantage de responsabilités que par le passé. Ce contexte est très favorable au développement d'une éthique professionnelle plus collégiale.

9.2. L'école, une communauté éducative

Les enseignantes et enseignants font partie de la communauté éducative qu'est l'école. Ils partagent une tâche collective, celle de favoriser l'apprentissage et le développement des élèves. Les enseignantes et enseignants en sont responsables avec les autres membres de cette communauté: les membres de la direction, les élèves, les parents et les représentants du milieu qui siègent au conseil d'établissement, et les membres des services éducatifs complémentaires. Le tableau 23 fournit la liste de ces services.

Tableau 23
Les services éducatifs complémentaires

- Service de promotion de la participation de l'élève à la vie scolaire;
- Service d'éducation aux droits et aux responsabilités;
- Service d'animation, sur les plans sportif, culturel et social;
- Service de soutien à l'utilisation des ressources documentaires de la bibliothèque scolaire;
- Service d'information et d'orientation scolaire et professionnelle;
- Service de psychologie;
- Service de psychoéducation;
- Service d'éducation spécialisée;
- Service d'orthopédagogie;
- Service d'orthophonie;
- Service de santé et services sociaux;
- Service d'animation spirituelle et d'engagement communautaire.

Source: Gouvernement du Québec, 2002, p. 14.

Les enseignantes et enseignants sont donc loin d'être seuls pour assumer toutes les visées éducatives de l'école. Bonne nouvelle! Ils ne portent pas sur leurs seules épaules le poids de la réussite des élèves, mais partagent cette charge avec d'autres adultes et avec les élèves eux-mêmes. Pour assumer leur rôle, les différents membres de la communauté éducative interviennent dans l'enseignement, la vie scolaire et la gestion scolaire.

Dans cette communauté éducative, l'enseignement est le rôle spécifique des enseignantes et enseignants dans l'école. Ils l'assument de deux manières: individuellement dans leur classe et avec les collègues au sein de l'équipe-école. Or le travail, tant au sein de l'équipe-école que dans les divers groupes de travail, comprend des exigences éthiques particulières. Il demande assurément une ouverture d'esprit, du respect et de l'engagement. On peut remarquer cependant que les qualités professionnelles actualisées dans les relations pédagogiques se rapprochent beaucoup de celles qui sont à la base des relations avec leurs collègues. Dans les deux cas, ce sont toujours des qualités relationnelles. De plus en plus, on considère que le travail en équipe constitue une façon d'apprendre, de se soutenir, de rompre avec la solitude. Les enseignantes et enseignants ont beaucoup à gagner en travaillant et collaborant avec les collègues.

Au-delà des responsabilités reliées à l'intervention pédagogique et aux apprentissages en classe, le personnel enseignant intervient aussi dans la vie de l'école, dans les activités parascolaires, dans la cour de récréation, dans les comités internes, dans les activités de promotion ou de collecte de fonds. Plus la vie de l'école est intense, plus les enseignantes et enseignants sont appelés à y participer. La vie scolaire n'est d'ailleurs pas indépendante de la réussite scolaire. Des chercheurs remarquent que les écoles qui favorisent le mieux la réussite scolaire des élèves sont celles où la participation des différents membres de la communauté scolaire est la plus significative. La participation à la vie de l'école fait donc aussi partie de la tâche professionnelle du personnel enseignant.

Quant à la gestion de l'école, elle est devenue, elle aussi, plus participative qu'autrefois. Les décisions importantes concernant les orientations de l'école sont discutées et votées dans les conseils d'établissement. Elles font également l'objet de consultations et de discussions avec tous les membres de la communauté éducative. Les codes de vie, par exemple, sont élaborés par les différents membres de la communauté et non uniquement par la direction de l'école. On pourrait envisager le même type de fonctionnement démocratique pour l'élaboration d'un code d'éthique dans l'école. Ce n'est pas par hasard que l'idée de démocratie vient d'être mentionnée. Pour qu'une communauté éducative fonctionne, il faut que ses membres participent à son fonctionnement, tout comme les citoyens participent à la démocratie en s'engageant dans la vie démocratique, en exprimant leurs besoins à leurs représentants élus et en allant voter. Si dans l'école chacun travaille dans son coin, il n'y a pas de véritable communauté éducative. La communication entre les personnes et les groupes, la discussion et la concertation avant la prise de décision sont essentielles pour qu'une communauté se construise.

Par ailleurs, la notion de communauté éducative est liée à celle de partenariat éducatif. Les enseignantes et enseignants sont les partenaires éducatifs de toutes les autres personnes qui travaillent et qui viennent à l'école. C'est la raison pour laquelle ils sont responsables, avec toutes les autres personnes, de l'apprentissage et de la réussite de tous les élèves et qu'ils doivent justifier leur agir professionnel à cet égard. Nous avons vu que le fait de devoir rendre des comptes était une des caractéristiques des professionnels. La reddition de comptes ne porte pas seulement sur les initiatives prises par chaque membre du personnel enseignant dans sa classe, mais sur l'ensemble des interventions prises par les divers membres de la communauté éducative.

S'il existe une occasion privilégiée de participer à la création d'une communauté éducative, c'est bien dans l'élaboration et la mise en œuvre concrète du projet éducatif de l'école. Ce projet est, en effet, une réalisation collective qui a des conséquences importantes pour tous les partenaires de l'école. Il donne à chaque école sa personnalité et sa couleur particulières. Comme il est fondé sur des valeurs choisies par la communauté éducative, il oriente toutes les décisions et les interventions. C'est pour cette raison que la *Loi sur l'instruction publique* exige que les membres du corps enseignant respectent le projet éducatif de l'école où ils travaillent. Un enseignant dans une école spécialisée en musique, par exemple, devra accepter de voir certaines périodes de cours remplacées par des répétitions préparatoires aux concerts. Au-delà de cette obligation légale, il est généralement attendu d'eux qu'ils participent non seulement à l'élaboration, mais aussi à l'actualisation des orientations du projet éducatif de leur école.

9.3. La responsabilité et l'engagement dans l'école

Dans le cinquième chapitre, nous avons examiné les différentes valeurs avec lesquelles les enseignantes et enseignants doivent jongler : leurs valeurs personnelles, les valeurs de leur profession et celles de la société dans laquelle ils vivent. Il faut maintenant analyser de plus près un dernier type de valeurs : celles qui sont liées à l'école dans laquelle ils travaillent. On les considère comme des valeurs institutionnelles. La question des valeurs institutionnelles se présente sous deux aspects : le premier concerne les valeurs de l'établissement alors que le second concerne les valeurs professionnelles à vivre dans l'école et pas seulement dans sa classe.

Chaque établissement a le droit de privilégier des valeurs particulières dans son projet éducatif. Pour l'un, ce sera la santé globale, pour un autre, le respect de l'environnement, comme dans le cas des écoles Brundland, ou bien encore une formation religieuse dans le cas d'une école privée à vocation religieuse. Sous peine de se retrouver en pleine contradiction ou en situation de conflit de valeurs, les enseignantes et enseignants doivent respecter les valeurs de l'école où ils travaillent. Un enseignant opposé ouvertement aux valeurs choisies par son école ne pourrait pas assurer correctement son rôle professionnel dans cette école. Par exemple, un enseignant opposé à la religion ne peut enseigner dans une école privée qui fait de l'éducation religieuse un élément essentiel de son projet éducatif, mais il peut enseigner ailleurs.

Comme membres actifs de la communauté éducative, les enseignantes et enseignants peuvent s'appuyer sur leurs valeurs professionnelles pour jouer leur rôle spécifique dans l'école. L'une de ces valeurs, c'est la responsabilité, qu'ils partagent avec les autres éducateurs et avec les parents, de favoriser l'apprentissage et le développement des jeunes. Une autre, c'est l'engagement envers la réussite des élèves. Il s'agit d'ailleurs d'une valeur partagée avec les autres partenaires de l'école. L'engagement envers la réussite implique que chaque enseignante ou chaque enseignant utilise toutes ses ressources professionnelles pour aider les élèves à apprendre et pour les encadrer dans leur apprentissage. Il s'agit, bien sûr, d'une obligation de moyens, comme nous l'avons vu précédemment, et non d'une obligation de résultats.

Il arrive, malgré tous les efforts déployés par le personnel enseignant, que certains élèves ne réussissent pas à apprendre selon les attentes habituelles. L'éthique professionnelle n'exige pas la perfection, heureusement. Mais elle demande à chaque enseignante, à chaque enseignant de faire tout ce qui est possible pour favoriser la réussite scolaire de tous les élèves de son école et pas seulement la réussite des élèves de sa classe ou de ses groupes. La société attend de ses enseignantes et enseignants un engagement réel pour participer à l'atteinte des finalités de l'école et cette attente sociale est à la mesure de la confiance qu'elle place en eux.

9.4. Les différentes formes d'engagement du personnel enseignant dans l'école

Même si la responsabilité première des enseignantes et enseignants est liée à l'apprentissage de leurs élèves, l'école et le milieu scolaire en général leur offrent de multiples occasions de s'impliquer et de participer aux décisions dans les structures scolaires. C'est là une façon d'expérimenter une forme de collégialité professionnelle. Il est important que les membres du personnel enseignant puissent apporter dans diverses instances leur point de vue de personnes qui interviennent directement au quotidien dans la classe et qu'ils puissent participer aux débats sur des sujets qui ont des répercussions directes sur eux et leurs élèves. Dans son avis sur la profession enseignante, le Conseil supérieur de l'éducation (2004) énumère et décrit les lieux de participation professionnelle possible des enseignantes et enseignants en dehors de leur classe. Cette participation, encadrée par des balises issues de la *Loi sur l'instruction publique* et de la convention collective de travail, s'articule sur plusieurs plans : à l'échelle de l'école, à l'échelle de la commission scolaire et à l'échelle provinciale. Les tableaux 24, 25 et 26 présentent ces lieux de participation à partir de CSE (2004) et les articles de la *Loi sur l'instruction publique* qui s'y rapportent sont mentionnés.

Tableau 24
La participation du personnel enseignant à l'échelle de l'école

- Siéger au conseil d'établissement (article 42) ;
- Participer à l'élaboration, à la réalisation et à l'évaluation du projet éducatif avec les autres acteurs de l'école (article 36.1) ;
- Soumettre à l'approbation du directeur de l'école (article 96.15) : les programmes d'études locaux, les critères relatifs à l'implantation de nouvelles méthodes pédagogiques, les manuels scolaires, les règles de classement des élèves ;
- Participer à l'élaboration des propositions que la direction d'école doit soumettre au conseil d'établissement (articles 84-89) sur les modalités d'application du régime pédagogique, l'orientation générale de l'enrichissement ou de l'adaptation des programmes d'études, l'orientation générale des programmes locaux, le temps alloué à chaque matière, les activités éducatives qui ne sont pas prévues à l'horaire ou qui se déroulent à l'extérieur de l'école, la mise en œuvre des programmes des services complémentaires et particuliers ;
- Participer à l'élaboration des propositions que la direction d'école doit soumettre au conseil d'établissement (articles 75-77) sur l'élaboration du plan de réussite et les règles de conduite et de sécurité des élèves ;
- Être consulté par la direction d'école au sujet des besoins en matière de ressources humaines et de perfectionnement (article 96.20).

Tableau 25
La participation du personnel enseignant à l'échelle de la commission scolaire

- Siéger au comité consultatif des services aux élèves handicapés ou en difficulté d'adaptation ou d'apprentissage (EHDAA) (article 185);
- Siéger au comité de participation du personnel enseignant (ce comité est habituellement formé de membres nommés par la commission scolaire et par le syndicat local);
- Siéger au comité de perfectionnement de la commission scolaire;
- Être consulté sur l'application du régime pédagogique, des programmes d'études établis par le ministre et des programmes locaux (article 222), l'élaboration de certains programmes locaux de spécialités professionnelles (article 223), les programmes des services particuliers et complémentaires (article 224), les épreuves de fin de cycle au primaire et de premier cycle au secondaire (article 231), les règles de passage au secondaire et au second cycle du secondaire (article 233), les services aux élèves handicapés ou en difficulté d'adaptation ou d'apprentissage et les règles d'intégration dans les classes ordinaires (articles 234 et 235), les services éducatifs dans chaque école (article 236), le calendrier scolaire (article 238), les critères d'inscription des élèves (article 239), l'établissement d'une école à projet particulier (article 240) et l'évaluation des programmes (article 243).

Tableau 26
Les lieux de la participation du personnel enseignant à l'échelle provinciale

- Comité d'orientation de la formation du personnel enseignant (COFPE);
- Commission des programmes d'études;
- Comité d'évaluation des ressources didactiques.

Les trois tableaux qui viennent d'être présentés montrent qu'il existe plusieurs lieux où le personnel enseignant peut apporter son point de vue. La profession enseignante est donc loin d'être dirigée par quelques fonctionnaires du Ministère, comme on l'entend dire souvent. Dans le système scolaire démocratique du Québec, les enseignantes et enseignants ont vraiment l'occasion de faire entendre leur voix à divers paliers. Il est donc de la responsabilité individuelle et collective des enseignantes et enseignants de participer à ces instances et de prendre part aux décisions qui affectent l'éducation.

9.5. Les relations avec les autres professionnels de l'école et les parents : collégialité, collaboration et partenariat

Les enseignantes et enseignants interagissent à l'école avec toutes les personnes qui sont membres de la communauté éducative. Ils sont ainsi amenés à collaborer de façon régulière, d'une part, avec leurs collègues et, d'autre part, avec deux catégories particulières de personnes : les autres professionnels de l'école et les parents. Dans les deux cas, l'objectif de la collaboration ou de la simple concertation est toujours l'apprentissage et le développement de l'élève afin qu'il puisse bénéficier d'interventions cohérentes et de soutien. Il ne s'agit pas, pour les enseignantes et enseignants, de se délester d'une partie de leur charge sur d'autres, mais de l'accomplir avec des personnes dont les compétences sont complémentaires aux leurs.

Les professionnels non enseignants de l'école sont regroupés dans les services complémentaires dont la fonction est de favoriser le développement global des élèves. Les interventions de ces professionnels visent à améliorer la vie personnelle, familiale et sociale des élèves. C'est pourquoi elles peuvent avoir des répercussions très importantes sur la réussite scolaire. Comme on sait que les élèves en difficulté ne sont pas dans les meilleures conditions pour apprendre et qu'ils ont besoin d'une aide supplémentaire pour le faire, le travail en équipe *multidisciplinaire entre enseignants et professionnels des services complémentaires s'avère donc essentiel, par exemple afin d'établir des plans de services individuels pour ces élèves. Dans certains cas d'ailleurs, il s'agit d'une obligation légale. Il se passe exactement la même chose dans les hôpitaux. Autour du malade, plusieurs professionnels se concertent et collaborent pour lui prodiguer les soins nécessaires.

Comme d'autres professionnels, les enseignantes et enseignants sont, eux aussi, amenés à développer avec leurs collègues une certaine éthique *interprofessionnelle. L'expérience en milieu de travail montre, par exemple, que sans une éthique de la discussion fondée sur l'écoute, le respect de l'autre et un réel engagement, il n'y a pas d'étude de cas, de plan d'intervention ou de projet qui soit vraiment possible en équipe multidisciplinaire. Mais dans leur travail interprofessionnel, les différents professionnels doivent aussi respecter les champs de compétences de leurs collègues. Les actes professionnels d'un enseignant ne sont pas ceux d'un travailleur social, par exemple. Les professionnels membres d'un ordre professionnel ont accès à une description de leurs actes professionnels et à un code de déontologie qui précisent leurs obligations envers leurs collègues et envers les autres professionnels. Bien que les enseignantes et enseignants ne disposent ni d'un ordre professionnel ni d'un code de déontologie, ils sont quand même eux aussi amenés à vivre une certaine éthique interprofessionnelle avec leurs partenaires scolaires. Deux des éléments de base de cette éthique ont certainement trait au respect des compétences d'autrui et à la confidentialité des renseignements concernant les élèves.

Les parents sont des partenaires éducatifs essentiels en dehors de l'école et dans l'école. Ils peuvent participer activement à la vie de l'école en siégeant au conseil d'établissement. Ils peuvent aussi agir comme bénévoles lors de sorties scolaires, de projets spéciaux, ou dans les bibliothèques. Mais leur rôle essentiel et commun à tous, c'est d'être des parents d'élèves. L'engagement des parents et leur collaboration avec l'école sont des facteurs de réussite scolaire. En ce qui concerne les relations avec les parents, au moins trois éléments d'une éthique professionnelle enseignante sont de mise. Le premier élément de cette éthique est certainement de considérer les parents comme de véritables partenaires éducatifs dans l'école et pas seulement à la maison. Le deuxième élément est de développer une relation de confiance avec les parents, centrée sur l'aide à l'apprentissage des jeunes. Sans respect du rôle éducatif des parents et sans reconnaissance de leurs compétences, il n'y a guère de collaboration possible entre le personnel enseignant et les parents. Mais sans reconnaissance des compétences professionnelles des enseignantes et enseignants et de leur pouvoir d'intervenir de la part des parents, il ne peut y avoir de collaboration non plus. Le troisième élément, sans doute plus technique, est d'établir des modes de communication efficaces avec les parents et de les utiliser de manière systématique en dehors de la remise des bulletins. Bien que la collaboration entre le personnel enseignant et les parents soit une nécessité plus évidente dans le cas des élèves handicapés ou en difficulté, elle s'avère nécessaire et bénéfique pour tous les élèves.

9.6. Le professionnalisme collectif

Depuis le début de ce chapitre, nous avons abordé la dimension collective du professionnalisme enseignant qu'on appelle le professionnalisme collectif. C'est une notion dont l'objectif vise à « faire des enseignants des partenaires réels dans la gestion de l'activité éducative » (CSE, 1991, p. 32). Il faut donc situer le professionnalisme collectif comme l'un des aspects de la professionnalisation du personnel enseignant. Plus les enseignantes et enseignants se considèrent comme des professionnels, plus ils sont à même de développer leur autonomie et un certain contrôle sur leurs interventions et sur leur profession. L'éthique professionnelle est nécessaire pour assumer les rôles exercés en classe et en dehors de la classe de façon responsable. Dans un texte qui est considéré comme une référence à ce sujet, Bisaillon (1993) précise les quatre dimensions du professionnalisme collectif : le partenariat dans la tâche éducative, l'entraide professionnelle, la participation au projet d'établissement et l'éthique de service public.

Les trois premiers éléments se vivent dans l'école, mais le dernier est plus large et concerne les rapports des enseignantes et enseignants avec la société. Bisaillon (1993, p. 231) rappelle que « l'éducation n'est pas un service privé ». Le système d'éducation constitue, en effet, un puissant moyen que se donne une société pour assurer le développement de base requis pour l'insertion sociale de sa population. Cette éthique de service public du personnel enseignant peut prendre, selon Bisaillon, deux directions : un engagement en faveur de l'éducation et des interventions publiques dans les grands débats sur l'école. Cette éthique existe déjà dans les milieux éducatifs même si elle n'est pas nommée ainsi.

Nous avons vu que l'engagement, comme qualité importante pour les enseignantes et enseignants, porte autant sur l'actualisation des finalités de l'école que sur le développement des élèves. Même s'il n'existe pas d'orientations qui précisent comment intervenir publiquement pour participer à l'amélioration du service public qu'est l'éducation, un grand nombre d'enseignantes et d'enseignants font un travail immense au sein de leurs associations professionnelles, au Conseil professionnel interdisciplinaire du Québec et dans les syndicats. En s'impliquant publiquement comme groupes de professionnels dans les grands débats sur l'école, par exemple sur des sujets tels que les compressions budgétaires en éducation ou le retour des écoles non mixtes, ils pourraient faire d'une pierre deux coups. Ils pourraient démontrer leur engagement social et promouvoir leur profession, qui n'est pas toujours reconnue à sa juste valeur dans notre société.

En somme, la société et les autorités éducatives attendent des enseignantes et enseignants qu'ils développent leur éthique professionnelle d'abord dans leurs classes, puis dans les écoles et ensuite dans la société. Il est important de répondre à cette demande. Cette demande n'existe que parce que la société a de grandes attentes par rapport à la profession enseignante, attentes qu'il serait très dommage de décevoir. En répondant à cette demande, les membres du corps enseignant peuvent saisir l'occasion de préciser leur identité professionnelle, de partager des valeurs professionnelles entre eux, d'intégrer de jeunes collègues et de faire connaître leur travail dans la société. C'est un défi qui mérite d'être relevé.

QUESTIONS D'APPROFONDISSEMENT ET DE DISCUSSION

1. Quelles sont les responsabilités des enseignantes et enseignants dans l'école ?

2. À partir de la lecture de ce chapitre et en vous fondant sur votre expérience, indiquez quelles formes d'engagement professionnel les enseignantes et enseignants peuvent démontrer dans leur école.

3. Quels sont les membres du personnel non enseignant dans les écoles ? En quoi sont-ils concernés par l'éthique professionnelle enseignante ?

4. Qui sont les partenaires éducatifs des enseignantes et enseignants ? Qu'en déduisez-vous au point de vue éthique ?

5. Qu'est-ce que le professionnalisme collectif apporte de plus au développement de l'éthique professionnelle enseignante ?

6. Donnez un exemple précis de démarche de professionnalisme collectif.

ATELIERS

ATELIER 1.
TRAVAIL EN ÉQUIPE : LE SPORT À L'ÉCOLE

▶ **Première étape : discutez en équipe de la situation suivante en vue de répondre aux questions**

Un nouvel enseignant commence à travailler dans une école offrant un programme sport-études. Il s'adonne lui-même à différents sports. Il trouve que la pratique sportive peut contribuer à développer l'esprit d'équipe et il anime même un groupe de minibasket dans son quartier. Il constate, peu après son arrivée dans cette école, que les élèves sont sélectionnés à l'entrée sur la base de leurs performances sportives et qu'on les encourage à exceller, mais surtout à gagner contre les autres. Il se sent de moins en moins à l'aise dans cette école.

- Quel est le problème ?
- Quel enjeu éthique interpelle l'enseignant ?
- Que peut faire l'enseignant dans la situation ?

▶ **Deuxième étape**

- Une fois que vous avez déterminé le problème rencontré par l'enseignant, dégagez une autre situation qui se passe en milieu scolaire et qui pourrait affecter une enseignante ou un enseignant de la même manière.
- Préparez-vous à la partager avec la classe. Décrivez d'abord la situation et expliquez pourquoi vous considérez qu'il y a un problème. Ensuite, précisez les démarches que vous suggérez à la personne qui vit la situation.

▶ **Troisième étape : retour en grand groupe**

Présentation des situations rapportées par chaque équipe à la classe. Discussion.

ATELIER 2.
TRAVAIL EN ÉQUIPE À PRÉSENTER À LA CLASSE SUR LA DÉMOCRATIE DANS L'ÉDUCATION

Il s'agit d'un travail de recherche, de réflexion et d'analyse qui a pour objet la démocratie dans l'éducation au Québec.

Toute entreprise d'éducation d'une personne ou d'un groupe de personnes comporte des enjeux importants pour une société. Ainsi, au Québec, depuis plus de cinquante ans, les concepts de démocratie et d'égalité des chances sont considérés comme centraux dans les débats sur l'éducation. Comme enseignante ou enseignant, vous serez appelé à prendre position et à défendre ces concepts. Vous avez maintenant l'occasion de clarifier votre pensée sur un élément particulier du système éducatif. Il est à noter que chaque équipe de la classe devra se pencher sur un élément différent.

Pour réaliser ce travail, chaque équipe de la classe effectue au préalable une réflexion et une recherche d'information.

- Donnez une brève définition de ce que vous entendez par démocratie en éducation.
- Nommez, situez et décrivez un élément, dans le système scolaire ou à l'école, que vous considérez comme favorable à davantage de démocratie en éducation.
- Justifiez pourquoi vous jugez que cet élément favorise la démocratie.

Chaque équipe présente son élément et sa justification aux collègues. Les présentations sont suivies d'une discussion en classe sur la démocratie en éducation et sur le rôle du personnel enseignant à cet égard.

■ POUR ALLER PLUS LOIN

De nombreuses publications relatives à la vie professionnelle dans le milieu éducatif proviennent des organismes suivants et sont facilement accessibles sur le Web :

Conseil supérieur de l'éducation, <http://www.cse.gouv.qc.ca/>.

Ministère de l'Éducation, du Loisir et du Sport, <http://www.mels.gouv.qc.ca/>.

Centrale des syndicats du Québec, <http://www.csq.qc.net/index.cfm/2,0,1676,9656,0,0,html>.

Fédération des syndicats de l'enseignement, <http://www.fse.qc.net/>.

Conseil pédagogique interdisciplinaire du Québec, <http://www.conseil-cpiq.qc.ca/cgi-bin/index.cgi>.

Conclusion

Voici arrivé le terme du parcours de formation proposé par ce livre. On aura pu remarquer sa logique de formation : il s'agit d'une approche misant sur la construction collective de la compétence éthique en enseignement. Dans ce cadre, le contenu exposé a visé à nourrir la réflexion individuelle et collective sur la pratique professionnelle qu'est l'enseignement. En quoi la réflexion, les dialogues et les échanges peuvent-ils contribuer au développement de l'éthique professionnelle de tous et chacun, ainsi que d'une éthique de la profession enseignante ? Les propositions que nous faisons à cette question reposent sur des observations et des analyses de la vie professionnelle et de la vie en société.

Dans notre société, nous avons une nette tendance à l'action. Nous voulons faire beaucoup de choses en même temps : travailler, étudier, aimer, sortir, prendre soin de nous et de nos proches, avoir des loisirs, faire du sport, etc. Nos journées sont pleines et nos agendas bien remplis. Quand avons-nous le temps de réfléchir au sens de notre vie, au sens de notre agir ? Le moment de la formation initiale et de la formation continue, malgré les emplois du temps chargés de tout un chacun, nous semble constituer un moment idéal pour s'arrêter un peu et se donner un espace de parole et d'échanges sur la vie professionnelle. Ce livre a fourni un cadre pour prendre le temps d'examiner, semaine après semaine, les multiples composantes qui entrent en jeu dans l'agir professionnel en enseignement, de tenter de les comprendre pour soi-même et de partager ses questions, ses remarques et ses objections avec ses pairs, d'entendre des points de vue différents du sien, de s'ouvrir à trouver des repères partagés avec les collègues pour mieux saisir le sens et les enjeux de la pratique professionnelle qu'est l'enseignement.

L'approche basée sur la réflexion, l'analyse et la discussion mise de l'avant dans ce livre s'appuie sur une conception de l'enseignement comme un travail qui repose, d'une part, sur l'exercice du jugement professionnel et non sur l'application ou l'exécution de décisions prises par d'autres et, d'autre part, sur la responsabilité de chaque professionnel par rapport à son agir. Être responsable, c'est être capable de répondre des décisions à la base de son agir et de les justifier. Tout le livre a été conçu pour fortifier les composantes du jugement professionnel et apporter des arguments qui participent à la construction de la responsabilité professionnelle individuelle et collective.

Enfin, la complexité de l'enseignement et son importance dans la société ne doivent jamais être sous-estimées ni par le personnel enseignant lui-même ni par qui que ce soit dans la société. Aller en classe tous les jours pour travailler au développement des compétences des personnes restera toujours un immense défi à relever. Rien n'est jamais acquis une fois pour toutes dans une carrière en enseignement. L'éthique que nous avons proposée ici prend naissance dans la réflexion sur les pratiques concrètes sur le terrain, sur les divers enjeux qui les concernent et les tensions qui les traversent. Elle se construit dans le dialogue entre pairs et elle favorise ainsi une autogestion de la pratique par les pairs. Elle fournit des repères pour prendre des décisions éclairées qui tiennent compte des valeurs de l'éducation, de la valeur de la personne et de sa dignité. Et elle se vit dans l'agir quotidien et dans tous les gestes éducatifs que chacun pose tout au long de sa carrière dans le domaine de l'éducation.

Annexes

Annexe 1
Le serment d'Hippocrate[1]

Je jure par *Apollon, médecin, par *Esculape, *Hygie et Panacée, par tous les dieux et toutes les déesses, et je les prends à témoin que, dans la mesure de mes forces et de mes connaissances, je respecterai le serment et l'engagement écrit suivants:

Mon Maître en médecine, je le mettrai au même rang que mes parents. Je partagerai mon avoir avec lui, et s'il le faut je pourvoirai à ses besoins. Je considérerai ses enfants comme mes frères et s'ils veulent étudier la médecine, je la leur enseignerai sans salaire ni engagement. Je transmettrai les préceptes, les explications et les autres parties de l'enseignement à mes enfants, à ceux de mon Maître, aux élèves inscrits et ayant prêté serment suivant la loi médicale, mais à nul autre.

Dans toute la mesure de mes forces et de mes connaissances, je conseillerai aux malades le régime de vie capable de les soulager et j'écarterai d'eux tout ce qui peut leur être contraire ou nuisible. Jamais je ne remettrai du poison, même si on me le demande, et je ne conseillerai pas d'y recourir. Je ne remettrai pas d'ovules abortifs aux femmes.

1. <http://droit-medical.com/perspectives/6-la-forme/57-serment-hippocrate-serment-medical>, consulté le 8 janvier 2012.

Je passerai ma vie et j'exercerai mon art dans la pureté et le respect des lois. Je ne taillerai pas les calculeux, mais laisserai cette opération aux praticiens qui s'en occupent. Dans toute maison où je serai appelé, je n'entrerai que pour le bien des malades. Je m'interdirai d'être volontairement une cause de tort ou de corruption, ainsi que toute entreprise voluptueuse à l'égard des femmes ou des hommes, libres ou esclaves. Tout ce que je verrai ou entendrai autour de moi, dans l'exercice de mon art ou hors de mon ministère, et qui ne devra pas être divulgué, je le tairai et le considérerai comme un secret.

Si je respecte mon serment sans jamais l'enfreindre, puissè-je jouir de la vie et de ma profession, et être honoré à jamais parmi les hommes. Mais si je le viole et deviens parjure, qu'un sort contraire m'arrive !

Annexe 2
Code de déontologie de l'Association des orthopédagogues du Québec[1]

Chapitre 1: Dispositions générales

Définitions

1.01 Orthopédagogue:

Personne détentrice d'un diplôme en orthopédagogie ou en adaptation scolaire émis par une université reconnue ou de l'équivalent selon les statuts et règlements de l'Association des orthopédagogues du Québec inc.

1.02 Association:

L'Association des orthopédagogues du Québec inc.

1. Ce code de déontologie a d'abord été préparé en collaboration avec Madame Marie-Paule Desaulniers, professeure, et un de ses groupes d'étudiants de l'Université du Québec à Trois-Rivières. Il a ensuite été révisé par un comité de travail composé de sept membres de l'Association des orthopédagogues du Québec. Ces membres sont mesdames Louise Carrier, Sylvie Cartier, Jacinthe Leblanc, Monique Lucas et Ghyslaine Painchaud et messieurs Simon Bilodeau (secrétaire du comité) et Germain Duclos (coordonnateur du comité).
Code présenté aux membres de l'ADOQ à son assemblée générale annuelle du 21 octobre 2000.
Code de déontologie adopté par les membres de l'ADOQ présents à son assemblée générale annuelle, le 21 octobre 2000, à l'Hôtel du Roi, à Trois-Rivières.

1.03 Client:

Une personne, un groupe, une collectivité ou un organisme bénéficiant des services d'un orthopédagogue.

1.04 Tiers:

Une personne, un groupe ou une institution extérieurs à la relation orthopédagogue-client.

1.05 L'utilisation du masculin inclut la terminologie féminine et ceci dans le but de faciliter la rédaction et la lecture.

Chapitre 2: Devoirs et obligations envers le public

2.01 L'orthopédagogue membre de l'Association des orthopédagogues du Québec doit, dans l'exercice de sa profession, s'appuyer sur des bases scientifiques.

2.02 L'orthopédagogue doit tenir compte de l'ensemble des conséquences prévisibles de ses interventions.

2.03 L'orthopédagogue doit favoriser l'amélioration de la qualité et de l'accessibilité des services orthopédagogiques dans le domaine et les milieux où il exerce.

2.04 L'orthopédagogue doit faire la promotion d'un accès égalitaire dans son milieu aux services professionnels pour les personnes ayant des difficultés d'apprentissage ou de comportement.

2.05 L'orthopédagogue doit informer le public sur les services orthopédagogiques.

2.06 L'orthopédagogue doit promouvoir et défendre auprès de la société et dans son milieu de travail les droits de la personne en difficulté d'apprentissage et d'intégration.

2.07 L'orthopédagogue doit participer à la mise en place d'un plan d'intervention adapté aux besoins des personnes ayant des besoins particuliers liés à leurs difficultés persistantes.

2.08 L'orthopédagogue doit se tenir au courant des recherches et des développements dans le domaine de sa profession afin d'assurer la qualité de ses services.

2.09 L'orthopédagogue doit collaborer avec tout autre professionnel impliqué auprès du client.

2.10 L'orthopédagogue s'engage à avoir en sa possession son Code de déontologie, à le connaître et à le mettre à la disposition de son client.

Chapitre 3: Devoirs et obligations envers le client

3.01 L'orthopédagogue doit, dans l'exercice de sa profession et plus particulièrement auprès de son client, s'identifier comme orthopédagogue.

3.02 Dans l'exercice de sa profession, l'orthopédagogue doit respecter, en geste et en parole, les personnes ayant des difficultés dans leur intégrité, les considérer comme des personnes uniques avec des besoins propres, peu importe leur état physique ou mental.

3.03 Avant d'accepter un mandat et durant son exécution, l'orthopédagogue doit tenir compte des limites de sa compétence et des moyens dont il dispose. Il ne peut poser des actes orthopédagogiques pour lesquels il n'est pas suffisamment formé.

3.04 L'orthopédagogue doit consulter un autre orthopédagogue ou une personne d'une autre profession ou diriger son client vers l'une des ces personnes à l'intérieur ou à l'extérieur de son milieu de travail lorsque l'intérêt du client l'exige.

3.05 L'orthopédagogue doit développer et maintenir une attitude réceptive à l'endroit de professionnels des autres disciplines à l'intérieur et à l'extérieur de son milieu de travail.

3.06 L'orthopédagogue doit, en tout temps, reconnaître à son client le droit de consulter un autre orthopédagogue, un membre d'une autre profession ou une autre personne.

3.07 L'orthopédagogue doit s'abstenir d'exercer sa profession s'il se trouve dans un état susceptible de compromettre la qualité de ses services. Notamment, il ne doit pas exercer sa profession alors qu'il est sous l'influence d'une substance pouvant affaiblir ou perturber ses facultés.

3.08 L'orthopédagogue doit établir et maintenir une relation de confiance mutuelle entre lui et son client.

3.09 L'orthopédagogue doit toujours respecter l'intimité, la vie privée et les valeurs de son client.

3.10 L'orthopédagogue doit, dans l'exercice de sa profession, avoir une conduite irréprochable envers son client, que ce soit sur le plan physique, mental, affectif ou sexuel.

3.11 L'orthopédagogue, face à son client, ne pose que les actes professionnels justifiés par le mandat que lui confère celui-ci.

3.12 L'orthopédagogue se doit de dénoncer toute forme de négligence, de brutalité physique ou mentale, de discrimination, de harcèlement ou d'exploitation dont le client peut être victime dans son milieu, selon la loi qui s'applique ; et doit signaler tout client mineur dont la sécurité ou le développement est compromis à la Direction de la protection de la jeunesse en vertu des articles 38.1 et 39 de la Loi de la protection de la jeunesse.

Intégrité et objectivité

3.12 (*sic*) L'orthopédagogue doit s'acquitter de ses obligations professionnelles avec intégrité, objectivité et modération et ne doit pas abuser de la confiance du client.

3.13 L'orthopédagogue renseigne son client, et ses parents si cela s'avère nécessaire, sur les aspects de ses activités professionnelles susceptibles de l'aider à décider de recourir ou non à ses services.

3.14 *a)* L'orthopédagogue informe dès que possible son client sur l'implication du mandat qui lui est confié.

b) Si l'orthopédagogue agit en vertu d'un mandat confié par un tiers, il en informe dès que possible son client afin d'obtenir son accord, sauf s'il agit sur ordonnance de la Cour.

3.15 L'orthopédagogue doit éviter toute fausse représentation en ce qui a trait à sa compétence, à l'efficacité de ses propres services ou de ceux généralement rendus par les membres de sa profession ou par son employeur.

3.16 L'orthopédagogue doit apporter un soin raisonnable aux biens confiés à sa garde par un client et il ne peut prêter ou utiliser ceux-ci pour des fins autres que celles pour lesquelles ils lui ont été confiés.

3.17 L'orthopédagogue doit s'abstenir de rendre des services professionnels à des personnes proches telles que famille, amis, collègues de travail et étudiants ou toute autre personne avec laquelle l'orthopédagogue a un lien direct, si son objectivité est mise en cause.

3.18 Sauf en ce qui concerne ses honoraires, l'orthopédagogue ne doit établir avec son client aucun lien économique. Il agit avec discernement dans la réception de menus cadeaux offerts par des clients.

3.19 L'orthopédagogue doit éviter de poser ou de multiplier des actes professionnels sans raison suffisante et doit s'abstenir de poser un acte inapproprié ou disproportionné au besoin de son client.

3.20 L'orthopédagogue doit reconnaître à son client le droit strict à sa vie privée, à moins qu'un mandat légal ne lui soit confié pour limiter l'exercice de ce droit.

3.21 L'orthopédagogue protège ce droit, à l'intérieur de son milieu de travail ou à l'extérieur, avec ses collègues et tout autre intervenant du milieu.

3.22 L'orthopédagogue doit dénoncer aux autorités compétentes toute incompatibilité entre les besoins du client et les structures socio-administratives de son établissement ou les structures juridiques qui seraient un obstacle dans la relation professionnel-client.

3.23 L'orthopédagogue doit contribuer activement à l'élaboration, à la mise à exécution et à l'amélioration des services dispensés aux clients, en utilisant les mécanismes de participation prévus dans les politiques de son milieu de travail.

Disponibilité et diligence

3.24 L'orthopédagogue doit faire preuve de disponibilité et de diligence à l'égard de son client. Quand il ne peut répondre à une demande dans un délai raisonnable, il doit aviser le client du moment où il sera disponible.

3.25 L'orthopédagogue doit fournir à son client les explications nécessaires à la compréhension des services qu'il lui rend.

3.26 L'orthopédagogue doit fournir au client qui en fait la demande un rapport de ses interventions.

3.27 L'orthopédagogue ne peut, sauf pour un motif juste et raisonnable, cesser de rendre ses services à un client.

Constituent, entre autres, des motifs justes et raisonnables :

a) la perte de la confiance de son client ;

b) le fait que le client ne tire plus avantage des services de l'orthopédagogue ;

c) le fait que l'orthopédagogue soit en situation de conflit d'intérêts ou dans un contexte qui compromet sa relation avec le client ;

d) l'incitation par le client à l'accomplissement d'actes illégaux, injustes ou frauduleux ;

e) le changement d'emploi ou d'employeur de la part de l'orthopédagogue;

f) l'incapacité physique ou mentale du client ou de l'orthopédagogue.

3.28 Dans la mesure du possible, avant d'interrompre ses services auprès d'un client, l'orthopédagogue doit l'en aviser dans un délai raisonnable et s'assurer que cette cessation de service n'est pas préjudiciable à son client.

3.29 Si le client présente des difficultés financières l'empêchant d'acquitter les honoraires de l'orthopédagogue, celui-ci ne peut interrompre ses services sans avoir préalablement cherché une ou des modalités d'intervention qui tiennent compte du ou des besoins du client (ex. fréquence plus espacée des rencontres, durée plus courte des entrevues ou référence à d'autres ressources publiques).

Chapitre 4: Responsabilité

4.01 L'orthopédagogue doit, dans l'exercice de sa profession, engager pleinement sa responsabilité civile. Il lui est interdit d'insérer dans un contrat de services une clause excluant directement ou indirectement, en totalité ou en partie, cette responsabilité. Il doit s'assurer que son employeur respecte aussi cette disposition.

4.02 L'orthopédagogue œuvrant en pratique privée doit tenir compte des règlements et des normes des professionnels en pratique privée tels que définis par l'Association des orthopédagogues du Québec.

Chapitre 5: Indépendance et désintéressement

5.01 L'orthopédagogue doit subordonner son intérêt personnel ou, le cas échéant, celui de son employeur ou de ses collègues de travail à l'intérêt de son client.

5.02 L'orthopédagogue doit contester ou dénoncer ou ignorer toute intervention d'un tiers qui pourrait avoir une influence préjudiciable sur l'exécution de ses devoirs professionnels.

5.03 L'orthopédagogue sauvegarde en tout temps son autonomie professionnelle et évite toute situation où il serait en conflit d'intérêts. Sans restreindre la généralité de ce qui précède, l'orthopédagogue :

a) est en conflit d'intérêts lorsque les intérêts en présence sont tels qu'il peut être porté à préférer certains d'entre eux à ceux de son client, ou que son jugement et sa loyauté envers celui-ci sont défavorablement affectés ;

b) n'est pas indépendant comme conseiller pour un service donné s'il s'y glisse un avantage personnel, direct ou indirect, actuel ou éventuel, pour lui, son employeur ou son bureau privé.

5.04 Dès qu'il constate qu'il se trouve dans une situation de conflit d'intérêts ou qu'il risque de s'y trouver, l'orthopédagogue doit définir la nature et le sens de ses obligations et de ses responsabilités et en informer son client.

5.05 L'orthopédagogue ne peut partager ses honoraires avec une autre personne que dans la mesure où ce partage correspond à une répartition des services et des responsabilités.

5.06 L'orthopédagogue doit s'abstenir d'accepter, en plus de la rémunération à laquelle il a droit, tout avantage, ristourne ou commission relatifs à l'exercice de sa profession. De même, il ne doit pas verser, offrir de verser ou s'engager à verser un tel avantage, ristourne ou commission.

5.07 Pour un service donné, l'orthopédagogue ne doit accepter des honoraires que d'une seule source, sauf s'il y a entente écrite entre les parties stipulant le contraire. Il ne doit accepter le versement de ses honoraires que de la part de son client ou de la personne qui le représente ou de l'instance chargée de le faire.

5.08 L'orthopédagogue ne doit agir, dans la même affaire, que pour l'une des parties en cause. Si ses devoirs professionnels exigent qu'il agisse autrement, l'orthopédagogue doit préciser la nature de ses responsabilités et tenir informées toutes les parties intéressées qu'il cessera d'agir si la situation devient inconciliable avec son devoir d'impartialité.

Chapitre 6 : Confidentialité

6.01 L'orthopédagogue est tenu à la confidentialité sauf s'il y a abus ou tout élément préjudiciable au développement de son client.

6.02 De par la nature même du travail d'équipe et des exigences du travail multidisciplinaire auquel il est appelé à participer, l'orthopédagogue est tenu au respect du secret d'équipe ou du secret partagé.

6.03 L'orthopédagogue peut être relevé de l'obligation à la confidentialité s'il obtient l'autorisation écrite de son client ou une ordonnance de la Cour.

6.04 Lorsque l'orthopédagogue demande à un client de lui révéler des renseignements confidentiels qui peuvent impliquer d'autres personnes ou lorsqu'il se voit révéler de tels renseignements, il doit s'assurer que le client est pleinement informé des implications du dévoilement de ces renseignements.

6.05 L'orthopédagogue ne doit pas révéler qu'une personne a fait appel à ses services, à moins d'avoir obtenu de celle-ci une autorisation écrite à cet effet. S'il est contraint de faire cette révélation pour des considérations légales, il doit en informer son client.

6.06 L'orthopédagogue doit assurer la confidentialité de ses services. Il veille à ce qu'aucune indiscrétion ne soit commise par les personnes qui travaillent avec lui ou pour lui, à l'intérieur de l'établissement ou à l'extérieur.

6.07 L'orthopédagogue doit préserver l'anonymat du client lorsqu'il utilise des informations obtenues de celui-ci à des fins didactiques ou scientifiques.

6.08 L'orthopédagogue doit informer les participants à une formation de groupe de la possibilité que soit révélé un aspect quelconque de la vie privée de l'un ou l'autre d'entre eux. Il doit les inviter à respecter le caractère confidentiel des informations ainsi divulguées de ces sessions.

6.09 L'orthopédagogue appelé à faire une expertise professionnelle devant un tribunal doit informer son client de ce mandat. Son rapport et sa déposition devant le tribunal doivent se limiter aux éléments pertinents à la cause.

6.10 Le dossier ou une partie du dossier d'un client tenu par l'orthopédagogue ne doit être divulgué qu'avec l'autorisation écrite de son client ou pour se conformer à une ordonnance de la Cour.

6.11 L'orthopédagogue doit obtenir l'autorisation écrite de son client ou de chacun de ses clients avant d'enregistrer ou de filmer une entrevue individuelle ou de groupe. Il doit s'assurer également que des mesures de conservation sont prises pour garantir la confidentialité de ces documents.

6.12 L'orthopédagogue doit obtenir l'autorisation écrite des parents de son client mineur ou des parents de chacun de ses clients mineurs avant d'enregistrer ou de filmer une entrevue individuelle ou de groupe. Il doit s'assurer également que des mesures de conservation sont prises pour garantir la confidentialité de ces documents.

6.13 Lorsque l'orthopédagogue intervient auprès d'un couple, d'une famille ou d'un groupe, le secret professionnel s'applique pour chaque personne.

6.14 L'orthopédagogue ne doit pas faire usage de renseignements de nature confidentielle préjudiciables au client ou en vue d'obtenir un avantage pour lui-même ou pour autrui.

6.15 Sauf dans un cas exceptionnel, l'orthopédagogue ne doit pas refuser ses services à un client qui n'accepte pas de le relever de son secret professionnel.

Chapitre 7: Accessibilité des dossiers

7.01 En vertu de la Loi sur l'accès à l'information et dans les limites imposées par cette loi, l'orthopédagogue est tenu de permettre à un client qui le désire de prendre connaissance des documents qui le concernent dans tout dossier constitué à son sujet et d'obtenir copie de ces documents, sauf dans la mesure où l'exercice de ce droit est préjudiciable au client et ce, selon les lois fédérales et provinciales existantes et selon les chartes des droits et libertés de la personne.

L'orthopédagogue n'est pas tenu de rendre accessible les notes manuscrites, les esquisses ou les brouillons à un autre professionnel ou à son client.

7.02 L'orthopédagogue en bureau privé est tenu de respecter l'article 7.01.

7.03 Lorsque l'orthopédagogue consulte un collègue ou un autre professionnel, il ne peut permettre au client concerné de prendre connaissance des documents du professionnel consulté sans l'autorisation de ce dernier.

7.04 En cas d'incapacité ou de décès du professionnel concerné, l'Association peut désigner une personne responsable de transmettre le dossier.

Chapitre 8 : Fixation et paiement des honoraires

8.01 L'orthopédagogue doit demander et accepter des honoraires justes et raisonnables.

8.02 Les honoraires sont justes et raisonnables s'ils tiennent compte des circonstances et de l'importance des services rendus (réf. art. 4.02).

8.03 L'orthopédagogue doit être en mesure de justifier à l'Association des écarts significatifs d'honoraires par rapport à ceux proposés par l'Association.

8.04 L'orthopédagogue salarié d'un établissement n'acceptera aucune somme supplémentaire de la part des clients de cet établissement.

8.05 L'orthopédagogue fournit à son client ou aux parents de son client si ce dernier est mineur, toutes les explications nécessaires à la compréhension du relevé de ses honoraires et des modalités de paiement.

8.06 L'orthopédagogue s'abstient d'exiger d'avance le paiement de ses services.

8.07 Avant de recourir à des procédures judiciaires, l'orthopédagogue épuise les moyens raisonnables dont il dispose lui-même pour obtenir le paiement de ses honoraires.

8.08 L'orthopédagogue qui perçoit des intérêts sur les comptes en souffrance doit le faire seulement après en avoir dûment avisé son client.

Chapitre 9 : Devoirs et obligations envers la profession

Section 1 : Actes dérogatoires

9.01 En vertu des lois existantes, sont dérogatoires à la dignité de la profession les actes suivants :

- *a)* inciter quelqu'un de façon pressante et répétée à recourir à ses services professionnels ;
- *b)* conseiller ou encourager un client à poser un acte illégal ou frauduleux ;

c) réclamer du client une somme d'argent pour un service professionnel ou une partie d'un service professionnel dont le coût est assumé par un tiers, à moins qu'il y ait une entente formelle à cet effet entre l'orthopédagogue, le client et ce tiers ;

d) abandonner volontairement et sans raison suffisante un client nécessitant des interventions ;

e) agresser, abuser physiquement, sexuellement et verbalement son client ;

f) modifier, altérer ou falsifier des données, des résultats scolaires, des analyses d'observation dans le dossier du client ;

g) dispenser ses services de façon discriminatoire en se basant sur le sexe, la religion, la race, l'orientation sexuelle, le handicap, l'apparence physique ou toute autre caractéristique personnelle ;

h) s'approprier des biens qui lui sont confiés ou mis sous sa garde ;

i) fournir un document servant à indiquer faussement que ses services ont été dispensés ;

j) s'approprier des stupéfiants, une préparation narcotique ou anesthésique, des substances de tout genre ou tout autre bien appartenant à son employeur ou à un client, sauf si des considérations légales l'exigent ;

k) poser tout autre acte ou avoir tout autre comportement qui va à l'encontre de ce qui est généralement admis dans l'exercice de sa profession ;

l) ne pas informer l'Association qu'il a des raisons de croire qu'un orthopédagogue est incompétent ou déroge à l'éthique professionnelle ;

m) communiquer avec le plaignant lorsqu'il est informé d'une enquête sur sa conduite professionnelle ou lorsqu'il a reçu signification d'une plainte à son endroit ;

n) inciter un client à qui l'orthopédagogue rend des services professionnels dans le cadre de sa pratique dans un organisme à devenir son client en pratique privée ;

o) avoir des relations sexuelles avec son client, y compris avec un client majeur et consentant.

Section 2 : Relations avec l'Association et les confrères

9.02 L'orthopédagogue soutient son Association en adhérant aux buts et objectifs de celle-ci et en respectant les normes et règlements.

9.03 L'orthopédagogue n'abuse pas de la bonne foi d'un confrère et ne se rend pas coupable d'abus de confiance ou de procédés déloyaux à son égard.

9.04 L'orthopédagogue s'abstient de tout commentaire public préjudiciable au travail d'un collègue ou en regard de sa profession.

9.05 L'orthopédagogue appelé à travailler avec un autre orthopédagogue ou avec une autre personne, préserve son autonomie professionnelle. Si on lui confie une tâche contraire à sa conscience professionnelle ou aux normes de sa profession, il s'en dispense.

9.06 L'orthopédagogue, engagé dans une pratique professionnelle conjointement avec d'autres orthopédagogues ou avec d'autres personnes, voit à ce que cette pratique ne cause aucun préjudice aux bénéficiaires.

9.07 L'orthopédagogue s'abstient d'exercer sa profession dans des circonstances susceptibles de compromettre la qualité de ses services.

9.08 L'orthopédagogue, dans la mesure de ses possibilités, aide au développement de sa profession, soit par l'échange de connaissances et d'expériences avec ses collègues et des étudiants, soit par sa participation à des cours et à des stages de formation continue.

9.09 L'orthopédagogue a un souci particulier de tenir à jour ses connaissances sur les nouveaux développements dans son domaine.

9.10 L'orthopédagogue utilise les moyens mis à sa disposition par son établissement pour perfectionner ses connaissances et ses compétences pratiques, en particulier en participant aux sessions de formation qui y sont offertes.

Section 3: Déclarations publiques

9.11 Dans ses déclarations publiques traitant de l'orthopédagogie, l'orthopédagogue doit éviter le recours à l'exagération ainsi que toute affirmation révélant un caractère purement sensationnel.

9.12 L'orthopédagogue qui donne publiquement des informations sur les procédés et techniques éducatifs doit préciser les références et doit indiquer clairement les restrictions qui s'appliquent à l'usage de ces procédés et techniques.

9.13 L'orthopédagogue doit éviter de discréditer auprès du public les méthodes éducatives ou rééducatives usuelles ou nouvelles, différentes de celles qu'il emploie, quand celles-ci satisfont aux principes scientifiques généralement reconnus en orthopédagogie.

9.14 Dans toute activité de consultation professionnelle s'adressant au public, par le truchement de conférences ou de démonstrations publiques, d'articles de journaux ou de magazines, d'émissions de radio ou de télévision, de textes ou de messages adressés par courrier, l'orthopédagogue doit prendre soin de souligner la valeur relative des informations ou conseils donnés à cette occasion.

9.15 L'orthopédagogue doit s'abstenir de participer en tant qu'orthopédagogue à toute forme de réclame publicitaire recommandant au public l'achat ou l'utilisation d'un produit quelconque, y compris du matériel éducatif.

9.16 L'orthopédagogue qui participe à la distribution commerciale de matériel pédagogique, de volumes ou d'autres produits concernant l'orthopédagogie doit appuyer toute affirmation touchant l'opération, les avantages et le rendement de ces produits sur des preuves professionnelles scientifiquement acceptables.

Section 4: Interprétation du matériel éducatif

9.17 L'orthopédagogue interprète avec prudence les données recueillies lors de ses observations, évaluations et expertises et celles qu'il a obtenues de ses collègues.

Dans tout rapport orthopédagogique, écrit ou verbal, il s'efforce d'être précis, concis et accessible.

Chapitre 10: Précautions à prendre dans la recherche

10.01 L'orthopédagogue prend connaissance des politiques institutionnelles présentant les principes éthiques et déontologiques liés à la recherche.

10.02 L'orthopédagogue est soucieux de respecter les droits fondamentaux des êtres humains. Avant d'entreprendre une recherche, l'orthopédagogue doit en évaluer les conséquences pour les participants.

Notamment :

a) il s'assure que les individus sélectionnés pour sa recherche ne sont pas exposés à des risques qui pourraient leur nuire physiquement, psychologiquement, moralement, socialement, légalement ou financièrement. Dans tous les cas où une expérience risque d'entraîner des effets nocifs permanents ou sérieux chez cette personne, elle ne doit pas être entreprise ;

b) il doit consulter toute personne susceptible de l'aider dans sa décision d'entreprendre la recherche ou dans l'adoption de mesures particulières pour éliminer les risques pour les participants. Il doit informer les participants qu'ils ont droit de participer ou non et qu'ils peuvent en tout temps se retirer de l'étude ;

c) il doit s'assurer que tous ceux qui collaborent avec lui à la recherche sont des personnes qualifiées et qui ont également souci du respect intégral des participants ;

d) il doit obtenir le consentement libre et éclairé des participants ou des personnes qui en sont responsables légalement après les avoir informés des risques importants, particuliers ou inhabituels que présente cette recherche et des autres aspects susceptibles de les aider à prendre la décision d'y participer ;

e) L'orthopédagogue informe les sujets de la nature, du but, de la durée ainsi que des méthodes utilisées pour conduire sa recherche.

10.03 L'orthopédagogue doit faire preuve d'honnêteté et de franchise dans sa relation avec les participants. Lorsque la méthodologie exige que certains aspects de la recherche ne leur soient pas immédiatement dévoilés, l'orthopédagogue doit expliquer aux participants les raisons de cette démarche le plus tôt possible après l'expérience.

10.04 L'orthopédagogue ne peut obliger une personne à participer à une recherche ou à continuer d'y participer.

10.05 Lorsque l'orthopédagogue utilise, en tout ou en partie, la recherche d'un autre professionnel ou les travaux de ses étudiants, il cite ses sources et accorde aux autres le crédit qui leur revient.

10.06 Les données recueillies à des fins de recherche par l'orthopédagogue, pour le compte d'un client, appartiennent à ce client. L'emploi de ces données par l'orthopédagogue, à des fins de publications ou à d'autres fins, doit être conforme à la procédure établie par le client et aux dispositions régissant les droits d'auteurs.

10.07 L'orthopédagogue veille soigneusement à ce que l'anonymat et la confidentialité des sujets soient respectés, et ce, lors de la sélection de ceux-ci, durant le déroulement de la recherche et au moment de la publication des résultats.

10.08 Les données personnelles recueillies dans le cadre de la recherche sont conservées de manière à préserver l'anonymat des participants. Elles sont détruites aussitôt qu'elles cessent d'être utiles.

Annexe 3

Facteurs à considérer pour la constitution d'un ordre professionnel[1]

Pour déterminer si un ordre professionnel doit ou non être constitué, il est tenu compte notamment de l'ensemble des facteurs suivants :

- les connaissances requises pour exercer les activités des personnes qui seraient régies par l'ordre dont la constitution est proposée ;
- le degré d'autonomie dont jouissent les personnes qui seraient membres de l'ordre dans l'exercice des activités dont il s'agit, et la difficulté de porter un jugement sur ces activités pour des gens ne possédant pas une formation et une qualification de même nature ;
- le caractère personnel des rapports entre ces personnes et les gens recourant à leurs services, en raison de la confiance particulière que ces derniers sont appelés à leur témoigner, par le fait notamment qu'elles leur dispensent des soins ou qu'elles administrent leurs biens ;

1. Gouvernement du Québec, *Code des professions du Québec*, chapitre IV, Les ordres professionnels, Section 1 : Facteurs à considérer pour constitution, article 25.

- la gravité du préjudice ou des dommages qui pourraient être subis par les gens recourant aux services de ces personnes par suite du fait que leur compétence ou leur intégrité ne seraient pas contrôlées par l'ordre ;
- le caractère confidentiel des renseignements que ces personnes sont appelées à connaître dans l'exercice de leur profession.

Annexe 4
Code d'éthique professionnelle de la Corporation des instituteurs et institutrices catholiques du Québec[1]

Afin de mieux atteindre les buts de toute bonne éducation, de promouvoir les intérêts de la profession d'éducateur, de se tracer une ligne de conduite idéale, les membres de la Corporation des Instituteurs et Institutrices catholiques du Québec s'engagent à respecter chacun des articles du présent code de l'éthique professionnelle.

L'instituteur et la profession

L'instituteur travaille au maintien de l'honneur et de la dignité de la profession;

Il sert la cause de l'éducation par sa conduite, par sa parole et par ses actions : il cherche en tout l'intérêt des membres de la profession et, par là, celui des enfants qui lui sont confiés;

Il prend les moyens propres à maintenir sa compétence et à rendre son enseignement des plus profitables;

Il travaille constamment au relèvement du niveau social du personnel enseignant;

1. Corporation des instituteurs et institutrices catholiques du Québec, *Lois, Règlements, code d'éthique professionnelle*, sans lieu ni date, p. 55-56.

Il ne doit pas se livrer à l'enseignement en vue de bénéfices pécuniaires, mais il doit insister pour qu'on lui accorde le traitement qui convient à son rang social ;

Il incite les meilleurs sujets à embrasser la profession et en détourne ceux qui n'en semblent pas dignes ;

Il comprend que la compétence seule motive un engagement ou une promotion et qu'il est du devoir des officiers supérieurs de veiller aux intérêts de la profession en n'accordant de l'avancement qu'aux plus méritants ;

Il s'interdit de critiquer publiquement les membres de la profession. Il doit également dire à qui de droit ce qui peut aider ou nuire à la profession ;

Il comprend que les rapports entre confrères, supérieurs et inférieurs, doivent être à la base de sympathie, de part et d'autre, et d'acceptation mutuelle du droit de commander pour le supérieur et du droit d'exprimer son opinion pour tout instituteur ;

Il est membre de l'association locale des instituteurs.

L'instituteur et l'élève

L'instituteur donne le meilleur de lui-même aux élèves qui lui sont confiés ;

Il fait de la religion catholique l'objet principal de son enseignement, la considérant comme un principe de vie et un élément essentiel de formation ;

Il cultive chez les élèves leurs qualités ethniques, l'amour et la fierté de la patrie canadienne ;

Il poursuit des fins d'ordre professionnel dans son enseignement, sa discipline ou ses rapports avec les élèves en général ;

Il est juste, impartial et bon. Il tient compte de la diversité d'intérêts, d'aptitudes, de capacités et de milieu des élèves ;

Il est tenu au secret professionnel envers ses élèves.

L'instituteur et la société

En tout et partout, il fait honneur à la parole donnée et il respecte les engagements pris;

Il ne tolère pas que son travail serve à des fins politiques, ou à des intérêts personnels quels qu'ils soient;

Il ne pratique aucun métier, commerce, industrie, profession, ou charge, incompatible avec l'exercice de la profession d'instituteur;

Il suscite l'intérêt et stimule l'action du public dans le domaine de l'éducation;

Il accorde son entier appui à l'établissement d'une coopération intelligente entre l'école et la famille;

Il se souvient toujours qu'il est un éducateur professionnel au service de Dieu, de la patrie, et de la jeunesse de son pays.

Annexe 5
Compétence n° 12[1]

ÉNONCÉ DE COMPÉTENCE
Agir de façon éthique et responsable dans l'exercice de ses fonctions.

Le sens de la compétence

Le professionnalisme se réfère à un état ou à une attitude qu'une personne a développé au cours d'un processus de socialisation professionnelle et qui fait en sorte qu'elle adhère aux normes communes partagées par le groupe de professionnelles ou de professionnels. En conséquence, on s'attend d'un maître qu'il fasse preuve de professionnalisme, c'est-à-dire qu'il respecte dans sa pratique la procédure et les normes partagées dans sa profession (Bourdoncle, 1991).

En premier lieu, le professionnalisme suppose que le futur maître s'investisse dans son action, qu'il fasse en quelque sorte le pari d'éducabilité des élèves qui sont sous sa gouverne (Meirieu, 1989). En ce sens, il est attendu du maître professionnel qu'il manifeste une conscience professionnelle, c'est-à-dire une forme d'engagement, une obligation de diligence (Ministère de la Culture et des Communications, 1998) qui le conduit à prendre soin, dans les limites de son mandat d'encadrement professionnel, des élèves qui lui sont confiés.

1. Gouvernement du Québec (2001a). *La formation à l'enseignement : les orientations, les compétences professionnelles*, Québec, Ministère de l'Éducation, p. 131-134, et p. 251 pour les références.

Par ailleurs, selon Lang (1999), quand l'autonomie professionnelle s'accroît, la responsabilité de l'enseignante ou de l'enseignant est plus fortement engagée. L'autonomie professionnelle renvoie donc à l'éthique de responsabilité de la personne. Dans cette perspective, dans le contexte actuel de la réforme où une part beaucoup plus importante d'autonomie reposera sur le personnel enseignant et l'équipe-école, il deviendra essentiel pour l'enseignante ou l'enseignant de justifier ses actions et de répondre de ce qu'il fait dans sa classe et dans l'école. C'est pourquoi en tant que personne-ressource professionnelle mandatée par la société et bénéficiant d'une autonomie relative, l'enseignante ou l'enseignant doit être capable d'expliquer et de justifier, au besoin, devant ses pairs, devant la direction, devant les parents, devant les élèves, le sens et la pertinence de ses choix. Entre l'assujettissement pur et simple à la demande de l'autre, d'une part, et la fermeture à toute influence, d'autre part, il existe une compétence discursive à développer et dont on est en droit de s'attendre d'une professionnelle ou d'un professionnel qui donne un service public.

Cette compétence éthique se réfère à ce que certains appellent le «courant de l'éthique discursive» (Jeffrey, 1999). Dans le contexte de la classe, celle-ci «évoque la capacité de construire une position morale, d'en discuter, de décrire un problème de morale, de mettre en place les règles d'une saine discussion, de rechercher des principes et des valeurs qui fournissent le fondement des lois qui nous régissent, de travailler à l'acceptation et la reconnaissance de tous les individus quelles que soient leurs différences, de réfléchir sur la meilleure forme de gouvernement, la meilleure justice, la ritualisation de la violence, de problématiser les convenances, les règles de conduite et les normes sociales, de chercher à justifier les décisions d'action, de s'interroger sur les questions qui touchent à l'obligation et la contrainte» (Jeffrey, 1999, p. 85).

On comprendra que l'éthique discursive est dans un rapport étroit à la culture au sens où elle nécessite des savoirs sur l'humain, les sociétés et les cultures pour mieux appréhender les problèmes de morale qui peuvent émerger dans la classe. Elle cherche à élaborer des arguments de qualité qui dépassent le sens commun, à mettre en place des cadres favorisant la discussion démocratique, l'établissement de normes justes et l'élaboration de politiques au service du bien commun (Jeffrey, 1999).

Les composantes de la compétence

Discerner les valeurs en jeu dans ses interventions.

L'enseignement est un travail où un adulte exerce une influence sur autrui, c'est-à-dire les élèves (Fourez, 1990). C'est un métier moral (*moral craft*) (Tom, 1984), une profession saturée de valeurs qui entrent parfois en contradiction les unes avec les autres. En effet, comme le mentionne avec justesse Perrenoud (1993): faut-il privilégier les besoins de tel individu ou du groupe? Respecter l'identité de chacun ou la transformer? Hiérarchiser ou annuler les différences? S'engager personnellement ou rester neutre? Imposer pour être plus efficace ou négocier longuement, quitte à ne pouvoir faire que partiellement? Sacrifier l'avenir ou le présent? Mettre l'accent sur les savoirs ou sur la socialisation? Insister sur la structuration de la pensée ou sur l'expression et la créativité? Favoriser la pédagogie active ou de maîtrise? Aimer tous les élèves ou laisser passer ses sympathies et antipathies? En ce sens, il convient donc que le futur maître réfléchisse sur ses valeurs et les *a priori* sous-tendant ses gestes et en observe minutieusement les conséquences sur le bien-être individuel et collectif des élèves. À ce propos, l'analyse réflexive, soutenue par des démarches structurées, semble une approche particulièrement indiquée.

Mettre en place dans sa classe un fonctionnement démocratique.

La classe est comme une microsociété dans laquelle se reproduisent les mêmes tensions qui sont présentes dans la société (violence, racisme, sexisme, etc.). L'élève ne réussit pas spontanément à résoudre démocratiquement les différends auxquels il doit faire face et il doit, par conséquent, apprendre à construire et à utiliser les attitudes et les comportements qui ne conduisent pas à l'exclusion. C'est pourquoi le conseil de classe et l'approche coopérative peuvent, par exemple, être des outils à privilégier par l'enseignante ou l'enseignant pour amener les élèves à régler démocratiquement les conflits qui peuvent se présenter dans la classe.

Fournir aux élèves l'attention et l'accompagnement appropriés.

On ne peut réduire la définition d'une professionnelle ou d'un professionnel à un ensemble de comportements ou de compétences externes qui ne nécessitent aucun engagement de la personne. Au contraire, « le professionnel est celui qui sait mobiliser sa subjectivité, son identité personnelle dans sa vie professionnelle » (Le Boterf, 1997, p. 25). En ce sens, la société et, plus particulièrement, les parents qui confient leurs enfants à une enseignante ou à un enseignant s'attendent que ce dernier manifeste une certaine sollicitude (Meirieu, 1991) de même qu'un certain degré de soin et de diligence à l'égard de ceux qui lui sont confiés et dont toute personne-ressource professionnelle ferait normalement preuve dans des circonstances semblables. En ce sens, le devoir de diligence, par opposition à la notion de négligence, dans l'exercice de ses fonctions fait partie de l'éthique professionnelle.

Justifier, auprès des publics intéressés, ses décisions relativement à l'apprentissage et à l'éducation des élèves.
L'enseignante ou l'enseignant ne peut être tenu responsable des résultats d'apprentissage de ses élèves puisque nombre de personnes interviennent avant lui, en même temps que lui et même après lui et que le contexte dans lequel il travaille peut fort bien hypothéquer grandement la réalisation de son mandat. Il devient alors difficile de faire reposer sur ses seules épaules la responsabilité des apprentissages effectués dans la classe. Cependant, on est en droit de s'attendre qu'il soit responsable des moyens qu'il mobilise pour instruire et éduquer les élèves. À cet égard, il doit être capable de démonter qu'il met en scène les meilleurs moyens compte tenu de son contexte. C'est pourquoi on ne peut envisager sa responsabilité professionnelle sans faire référence aux ressources que constituent les données de la recherche et sa capacité de conduire dans sa classe des projets dont il documente le déroulement et les effets.

Respecter les aspects confidentiels de sa profession.
L'enseignante ou l'enseignant dans son activité quotidienne est mis en présence de renseignements de nature personnelle que peuvent lui confier les parents ou les élèves. Faute d'avoir été sensibilisé aux questions du respect de la confidentialité, il peut succomber à la tentation de divulguer ces faits ou renseignements privilégiés en dehors des nécessités requises précisément par sa tâche. C'est pourquoi l'enseignante ou l'enseignant est tenu à une obligation de discrétion et de réserve dans l'utilisation de renseignements personnels sur les élèves et leurs familles ainsi que sur ses collègues.

Éviter toute forme de discrimination à l'égard des élèves, des parents et des collègues.
Dans une société plurielle comme la nôtre, les valeurs des élèves et les points de vue prolifèrent. La classe, l'école, est comme une sorte de foyer où se rencontrent des élèves de toute origine, n'ayant pas tous la même langue maternelle, appartenant à diverses religions, races,

classes sociales, etc. Le maître a donc un rôle particulier à jouer à cet égard : il doit contrer les situations qui reproduisent certaines formes de discrimination et d'exclusion et mettre en place des dispositifs qui assurent le respect et l'équité à l'égard des différences, particulièrement celles qui sont liées à l'origine.

Situer à travers les grands courants de pensée les problèmes moraux qui se déroulent dans sa classe.
L'analyse des problèmes moraux qui se produisent dans une classe (sexe, violence, drogues, etc.) et la découverte de manières de les aborder exigent de l'enseignante ou de l'enseignant la mobilisation de savoirs culturels précis si l'on ne veut pas qu'il reproduise des préjugés conduisant à diverses formes d'exclusion. Les positions morales ont évolué dans le temps et influent sur la manière d'analyser les problèmes et d'envisager des solutions. C'est pourquoi il devient essentiel pour le maître de pouvoir situer à l'intérieur de courants d'idées (philosophiques, historiques, sociaux, politiques, psychologiques) les problèmes moraux, de bien saisir ses *a priori* afin de pouvoir effectuer des choix fondés et d'assumer personnellement et publiquement ses choix.

Utiliser, de manière judicieuse, le cadre légal et réglementaire régissant sa profession.
L'enseignement est une activité régie par un cadre légal et réglementaire. La *Loi sur l'instruction publique* détermine les obligations et les droits du personnel enseignant. De même, la convention collective précise les règles relatives au contrat de travail. Par conséquent, il est entendu que l'enseignante ou l'enseignant accomplira ses tâches dans le respect des exigences du cadre réglementaire régissant sa profession.

Le niveau de maîtrise attendu au terme de la formation initiale

Même si l'enseignement est un métier moral (Tom, 1984), il n'en demeure pas moins que cette compétence a été souvent négligée en formation à l'enseignement. Dans une société plurielle où les points de vue sont multiples et dans laquelle le rapport à l'autorité s'est grandement transformé, il convient d'insister tout particulièrement sur cette dimension à l'école et en ce qui concerne la formation à l'enseignement.

Au terme de la formation initiale, l'étudiante ou l'étudiant doit être en mesure :

- d'agir de manière responsable auprès des élèves pour que l'on puisse sans réserve recommander de lui confier un groupe ;
- de répondre de ses actions en fournissant des arguments fondés.

Le référentiel de compétences professionnelles

Compétence n° 12

BOURDONCLE, R. (1991). « La professionnalisation des enseignants : analyses sociologiques anglaises et américaines », *Revue française de pédagogie*, n° 94, janvier-février-mars.

BOURDONCLE, R. (1993). « La professionnalisation des enseignants. Les limites d'un mythe », *Revue française de pédagogie*, n° 105, octobre-novembre-décembre.

FOUREZ, G. (1990). *Éduquer : écoles, éthiques, sociétés*, Bruxelles, De Boeck.

JEFFREY, D. (1999). *La morale dans la classe*, Québec, Les Presses de l'Université Laval.

LANG, V. (1999). *La professionnalisation des enseignants*, Paris, Presses universitaires de France.

MEIRIEU, P. (1989). *Enseigner, scénario pour un métier nouveau*, Paris, Presses universitaires de France.

MEIRIEU, P. (1991). *Le choix d'éduquer. Éthique et pédagogie*, Paris, ESF.

MEIRIEU, P. (1995). *La pédagogie, entre le dire et le faire*, Paris, ESF.

MINISTÈRE DE LA CULTURE ET DES COMMUNICATIONS (1998). *L'éthique dans la fonction publique québécoise*, Québec, Gouvernement du Québec.

PERRENOUD, P. (1993). « La formation au métier d'enseignant : complexité professionnelle et démarche clinique », dans *Compétence et formation des enseignants ?, Actes du colloque de l'Association québécoise universitaire des formateurs de maîtres*, Trois-Rivières, Publications des sciences de l'éducation, Université du Québec à Trois-Rivières.

TOM, A. (1984). *Teaching as a Moral Craft*, New York, Longman.

Annexe 6
Code d'éthique de la Commission scolaire du Chemin-du-Roy (2004)

Présentation

La Commission scolaire du Chemin-du-Roy a pour mission d'offrir des services éducatifs de qualité qui répondent aux besoins de formation des jeunes, des adultes ainsi que des entreprises et des organismes de son territoire.

Cette mission se définit à partir des trois axes suivants : instruire, socialiser et qualifier.

Elle s'actualise par la volonté de la Commission scolaire de placer l'acte pédagogique et la réussite au premier plan de ses priorités tout en privilégiant des valeurs d'éducation qui reposent sur la coopération, le partenariat et l'engagement envers nos clientèles.

Le présent *Code d'éthique* manifeste cette volonté de la Commission scolaire de partager une philosophie de l'éducation dont les valeurs reflètent la valorisation et le respect des droits de la personne et la recherche de l'excellence dans l'intervention éducative.

La Commission scolaire du Chemin-du-Roy reconnaît que l'élève jeune et adulte est au centre de toutes ses préoccupations et que les services ne prennent leur sens que dans son mieux-être.

Le *Code d'éthique* n'est pas en soi une ligne d'arrivée mais une ligne de départ, une direction à suivre pour préciser et exprimer notre mission et nos engagements.

Ce code contribuera à renforcer la réputation d'excellence de la Commission scolaire du Chemin-du-Roy et de ses intervenants.

Définitions et fondements légaux

Éthique

C'est l'art de diriger notre propre conduite en fonction de ce qui est bien, autant individuellement que collectivement.

Code d'éthique

Énoncé d'un ensemble de normes, de comportements qui mettent en évidence les valeurs, droits et responsabilités qui doivent guider de façon continue et apparente les attitudes et les comportements de chaque intervenant à travers les gestes pédagogiques, éducatifs ou administratifs qu'il pose.

Dans le présent *Code d'éthique*, le terme « intervenant » signifie tout membre du personnel, stagiaire, bénévole, parent et toute autre personne, à l'exclusion des élèves, directement impliqués dans les activités de la Commission scolaire du Chemin-du-Roy et de ses établissements.

Le *Code d'éthique* s'inscrit dans le cadre des valeurs de promotion et de respect des droits de la personne qui sont véhiculées dans certains textes juridiques.

Quelques textes pertinents

- La *Charte des droits et liberté de la personne.*
- Le *Code civil du Québec.*
- La *Loi sur l'instruction publique.*
- La *Loi sur les normes du travail.*
- La *Loi sur l'accès à l'information et la protection des renseignements personnels.*
- La *Loi sur la santé et la sécurité au travail.*
- La *Loi sur la protection de la jeunesse.*

Valeurs

Tous les intervenants doivent pratiquer une éthique irréprochable. Étant au service de l'intérêt public et des élèves, ils doivent éviter de se placer dans une situation qui contrevient à la mission de la Commission scolaire du Chemin-du-Roy et aux valeurs sous-jacentes qui y sont associées.

Objectifs

- Établir un guide de référence pour les intervenants dans l'exercice de leurs fonctions.
- Assurer des services de qualité dans les unités administratives de la Commission scolaire.
- Favoriser le mieux-être des personnes et consolider les valeurs d'intégrité et de confiance qui constituent les fondements d'une saine organisation.
- Favoriser et développer un milieu d'éducation et un milieu de travail harmonieux exempts de toute forme de harcèlement et/ou violence.

Principes sur l'éthique professionnelle

Les principes suivants sur l'éthique professionnelle guideront les attitudes et les conduites à privilégier par les intervenants qui sont en relation avec les élèves, les parents, les partenaires sociaux et communautaires ainsi que dans leurs relations interpersonnelles avec les collègues de travail.

- Chaque élève a droit à une intervention de qualité.
- Chaque élève et chaque personne de l'organisation est traitée avec courtoisie et équité, dans le respect de sa dignité.
- Chaque intervenant doit agir avec intégrité et bonne foi, ainsi qu'avec compétence, selon les responsabilités qui lui sont confiées.
- Chaque intervenant contribue à véhiculer les orientations et les valeurs préconisées par la Commission scolaire dans ses établissements et services.

Pratiques et conduites attendues des intervenants

Voici les règles de pratiques et de conduites qui doivent guider l'ensemble des intervenants engagés dans les activités de la Commission scolaire du Chemin-du-Roy et ses établissements, dans leurs attitudes et comportements.

La Commission scolaire du Chemin-du-Roy s'engage à promouvoir l'application de son code d'éthique auprès de ses intervenants.

Règles de pratiques et conduites des intervenants

- Témoigner du respect à l'élève tant par ses paroles et par ses gestes, dans un climat de confiance et d'empathie.
- Témoigner du respect tant par ses paroles et ses gestes dans toutes ses relations, notamment avec le personnel, les parents, les bénévoles, les différents partenaires ainsi qu'avec les clients, fournisseurs et contribuables.
- Offrir des services de qualité qui témoignent de l'excellence de ses actions.
- Faire preuve d'intégrité et éviter toute situation où l'intervenant serait en conflit d'intérêt réel ou potentiel.
- Respecter la plus stricte confidentialité dans l'exercice de ses fonctions, entre autres, lors du traitement d'informations faisant l'objet de confidentialité, tels :
  - Tous les renseignements nominatifs reliés à la vie privée des élèves, de leur famille ainsi que ceux reliés aux intervenants.
  - Toute information confidentielle concernant les partenaires, clients, fournisseurs et contribuables.
- Adopter dans ses relations interpersonnelles une conduite qui respecte la dignité et l'intégrité physique ou psychologique de la personne et contribue ainsi à un climat de travail.
- Agir avec loyauté envers la Commission scolaire.
- Adopter une tenue appropriée au cadre éducatif où l'adulte est le premier modèle de l'élève.
- Fournir la prestation de travail attendue.

Trois-Rivières (Québec) G9A 5E7
Tél. : 819 379-6565

Annexe 7
Code de conduite à adopter avec les participants[1]

Les auteurs de ce texte disent s'être inspirés de deux guides du ministère de la Santé et des Services sociaux : *C'est l'enfant qui compte* et *Guide de prévention pour le personnel*. Le guide présente des recommandations aux animateurs des Clubs de jeunes scientifiques, supervisés par le Conseil du Loisir Scientifique, qui pourraient être utiles au personnel enseignant du préscolaire, primaire et secondaire.

Comportements et règles à adopter avec les participants

Certaines personnes demandent à ceux qui travaillent avec les enfants de ne leur témoigner aucune affection physique. Ce genre de consigne est un « excès de prudence », en quelque sorte le contrecoup des nouvelles mesures de protection contre les mauvais traitements infligés aux enfants. Il est important de montrer son affection aux enfants et de les encourager en se montrant chaleureux et affectueux envers eux, surtout parce qu'un certain nombre d'enfants qui font partie de groupes de jeunes cherchent à s'éloigner de leur foyer en difficultés.

1. Conseil du loisir scientifique Mauricie et Centre-du-Québec (2002). *Guide de prévention et d'intervention en matière d'abus et de harcèlement sexuel*, Trois-Rivières, Conseil du loisir scientifique, p. 15-17.

Si un enfant fait un effort supplémentaire, pourquoi ne pas lui donner une petite tape dans le dos ou lui passer la main dans les cheveux ? Se faire toucher de façon positive et acceptable signifie « Je t'aime bien » et « Tu as ta place ici ». Les intervenants peuvent continuer de se montrer chaleureux envers les enfants tout en protégeant leur intégrité. Voici quelques exemples de comportements à adopter (ou à ne pas faire) avec les jeunes.

- Ne pas hésiter à être affectueux avec les enfants qui expriment le besoin de recevoir de l'affection. Si vous acceptez que d'autres voient ce que vous faites avec un enfant, personne ne devrait y trouver quoi que ce soit à redire. Ne vous isolez pas.
- Ne pas hésiter à toucher les enfants, mais écouter ce qu'ils expriment, comment ils aiment ou n'aiment pas être touchés. Toucher le dos, la tête, les épaules, mais il est inacceptable de leur toucher les fesses, les seins, les cuisses, l'entrejambe.
- Respecter toujours l'intégrité de l'enfant. Certains enfants maltraités craignent ou se méfient de toute forme de contact physique.
- Si un enfant a mal quelque part ou se sent malade et doit être examiné, éviter d'intervenir complètement à l'écart et s'assurer qu'une autre personne soit présente pendant l'examen. Confier l'examen des parties intimes de l'enfant à des professionnels de la santé. Prendre grand soin du bien-être et de la dignité de l'enfant.
- Si l'enfant veut avoir une conversation intime avec nous, vous éloigner des autres, mais rester à la vue du groupe, ou laisser la porte entrouverte.
- Lors de la tenue d'un camp ou d'une sortie, ne pas utiliser les douches et vestiaires en même temps que les jeunes.
- Éviter de se trouver seul avec un enfant pendant la douche ou dans le vestiaire.
- Si un enfant a besoin d'aide dans les douches, le vestiaire ou les toilettes, demander à l'enfant d'identifier clairement ses besoins, lui apporter l'aide nécessaire en restant si possible à la vue (par exemple : dans la salle de bain, installer l'enfant sur le siège et sortir de la cabine en attendant qu'il ait terminé).

- Inciter les accompagnateurs des jeunes handicapés à leur venir en aide, dans les sanitaires et vestiaires.
- Ne jamais obliger un enfant à se déshabiller. Respecter la pudeur de chaque enfant, notamment dans les douches, à la piscine, à la plage.
- Faire preuve de discrétion lorsqu'on doit se changer.
- Être prudent en ce qui concerne les conversations que vous aurez, avec les enfants, sur la sexualité. Les enfants posent des questions franches sur la sexualité et les adolescents demandent parfois des conseils. Écouter l'enfant avec respect est un comportement acceptable.
- Blaguer avec les enfants pour les encourager à la promiscuité ou accepter qu'ils vous montrent des revues pornographiques est dangereux pour l'intervenant et pour les enfants.
- Pour le transport lors d'une activité, les jeunes devraient idéalement s'y rendre par leurs propres moyens. Dans le cas où un transport est requis, respecter les conditions suivantes :
  - Le conducteur possède un permis de conduite approprié ;
  - D'autres participants, des intervenants ou des parents voyagent à bord du même véhicule ;
  - Le trajet ne comprend ni arrêt ni détours : il mène directement de la base de départ au lieu de l'événement et retour à la base ;
  - Tous les passagers prendront place sur un siège et devront s'attacher. S'il s'agit d'enfants en bas de 12 ans, ils devront être sur les sièges arrière ;
  - Les parents auront, par écrit, autorisé le voyage.
- Rappeler aux parents les nombreuses difficultés encourues lorsqu'ils ne viennent pas chercher les enfants à l'heure convenue et leur remettre les informations suivantes :
  - Un numéro de téléphone où les parents pourront laisser un message en cas de retard prévu (ex. : réception du lieu de l'activité, une boîte vocale identifiée par le responsable de l'activité ou le parent d'un autre participant) ;
  - Insister sur la section « renseignements en cas d'urgence » de la fiche d'inscription qui doit être remplie.

À ne pas faire

- Reconduire automatiquement le participant chez lui ou l'amener chez-soi ou en tout autre lieu (ce genre d'initiative peut rendre l'intervenant vulnérable aux allégations et aux accusations et, il va sans dire, risque de compliquer la situation advenant l'arrivée tardive des parents);
- Faire sortir le participant de l'établissement;
- Faire raccompagner le participant à la maison par une personne non autorisée.

À faire

- Tenter de joindre les parents par téléphone;
- Vérifier aux endroits désignés (réception, boîte vocale, etc.), si un message a été laissé par les parents;
- Essayer de joindre la personne substitut désignée par les parents;
- Attendre sur place avec le participant, si possible en compagnie d'un autre intervenant, de participants ou d'un parent;
- S'enquérir auprès de la police si un accident a été signalé et continuer de téléphoner aux parents et aux responsables du CLSC afin de prendre les dispositions nécessaires concernant le jeune;
- Rappeler qu'il est important d'être à l'heure;
- Sévir en cas de retards répétés.

Références bibliographiques

ARISTOTE (1965). *Éthique de Nicomaque*, Paris, Garnier-Flammarion.

ASSOCIATION DES ORTHOPÉDAGOGUES DU QUÉBEC – AOQ (2001). *Code de déontologie*, Québec, AOQ.

BISAILLON, R. (1993). « Pour un professionnalisme collectif », *Revue des sciences de l'éducation*, vol. XIX, n° 1, p. 225-232.

BLAIS, M.-C., M. GAUCHET et D. OTTAVI (2008). *Les conditions de l'éducation*, Paris, Stock.

BOUCHARD, N. (2004). *Éduquer le sujet éthique par des pratiques novatrices en enseignement et en animation*, Québec, Presses de l'Université du Québec.

CANADIAN FOUNDATION FOR CHILDREN, YOUTH AND THE LAW c. CANADA (PROCUREUR GÉNÉRAL). 1 R.C.S. 76, 2004, CSC 4.

CENTRALE DES SYNDICATS DU QUÉBEC et CROP (2011). *Rapport final sur la cyberintimidation dans le milieu de l'éducation*, Montréal, Centrale des syndicats du Québec.

CONSEIL SUPÉRIEUR DE L'ÉDUCATION (1991). *La profession enseignante: vers un renouvellement du contrat social*, Rapport annuel 1990-1991 sur l'état et les besoins en éducation, Québec.

CONSEIL SUPÉRIEUR DE L'ÉDUCATION (1998). *L'école, une communauté éducative: voies de renouvellement pour le secondaire*, Avis à la ministre de l'Éducation, Québec.

CONSEIL SUPÉRIEUR DE L'ÉDUCATION (2004). *Un nouveau souffle pour la profession enseignante*, Avis au ministre de l'Éducation, Québec.

DESAULNIERS, M.-P. (1998). « La séduction pédagogique », dans A. Giroux (dir.), *Repenser l'éducation: repères et perspectives philosophiques*, Ottawa, Presses de l'Université d'Ottawa, p. 85-101.

DESAULNIERS, M.-P. (2000). « L'éthique appliquée en éducation », *Revista de Educacao, Instituto de Educacao e Psicologica da Universita do Minho*, vol. 13, nº 1, p. 299-317.

DESAULNIERS, M.-P. (2002a). « La dimension éthique de la supervision ou l'art de la médiation », dans N. Rousseau et M. Boutet (dir.), *Les enjeux de la supervision pédagogique des stages*, Québec, Presses de l'Université du Québec, p. 129-140.

DESAULNIERS, M.-P. (2002b). « Quelques pistes pour analyser et résoudre des problèmes éthiques en supervision de stage », dans N. Rousseau et M. Boutet (dir.), *Les enjeux de la supervision pédagogique des stages*, Québec, Presses de l'Université du Québec, p. 153-166.

DESMEULES, L. (2000). *Nouveaux fondements de l'éducation au Québec*, Sherbrooke, Éditions du CRP.

FÉDÉRATION DES COMITÉS DE PARENTS DE LA PROVINCE DE QUÉBEC (1999). « Faut-il créer un ordre professionnel des enseignants et des enseignantes du Québec ? » dans M. Tardif et C. Gauthier (dir.), *Pour ou contre un ordre professionnel des enseignantes et enseignants au Québec ?* Québec, Les Presses de l'Université Laval, p. 93-99.

FÉDÉRATION DES SYNDICATS DE L'ENSEIGNEMENT (2004). « Déclaration de la profession enseignante », *Bulletin FSE*, nº 67.

FORTIN, P. (2007). *L'œuvre de soi*, Québec, Presses de l'Université du Québec.

GOHIER, C. (1997). «Éthique et déontologie: l'acte éducatif et la formation des maîtres professionnellement interpellés», dans M.-P. Desaulniers, F. Jutras, P. Lebuis et G.A. Legault (dir.), *Les défis éthiques en éducation*, Québec, Presses de l'Université du Québec, p. 191-205.

GOHIER, C. (1999). «Mise en échec de la séduction», dans C. Gohier et D. Jeffrey (dir.) *Enseigner et séduire*, Québec, Les Presses de l'Université Laval, p. 124-135.

GOUVERNEMENT DU CANADA. *Charte canadienne des droits et libertés.* Annexe B de la Loi de 1982 sur le Canada, 1982, c. 11 (R.-U.)

GOUVERNEMENT DU CANADA. *Code criminel*, L.R.C. 1985, c. C-46.

GOUVERNEMENT DU CANADA. *Loi sur le droit d'auteur*, L.R.C. 1985, c. C-42.

GOUVERNEMENT DU QUÉBEC. *Charte des droits et libertés de la personne*, L.R.Q., c. C-12.

GOUVERNEMENT DU QUÉBEC. *Code civil du Québec*, L.R.Q., c. C-1991.

GOUVERNEMENT DU QUÉBEC. *Code des professions*, L.R.Q., c. C-26.

GOUVERNEMENT DU QUÉBEC. *Loi sur l'accès aux documents des organismes publics et sur la protection des renseignements personnels*, L.R.Q., c. A-2.1.

GOUVERNEMENT DU QUÉBEC. *Loi sur l'éthique et la déontologie en matière municipale*, L.R.Q., c. E-15.1.0.1.

GOUVERNEMENT DU QUÉBEC. *Loi sur l'instruction publique*, L.R.Q., c. I-13.3.

GOUVERNEMENT DU QUÉBEC. *Loi sur la protection de la jeunesse*, L.R.Q., c. P-34.1.

GOUVERNEMENT DU QUÉBEC. *Loi sur le régime de négociation des conventions collectives dans les secteurs public et parapublic*, L.R.Q., c. R-8.2.

GOUVERNEMENT DU QUÉBEC (1979). *L'école québécoise: énoncé de politique éducative et plan d'action*, Québec, Ministère de l'Éducation.

GOUVERNEMENT DU QUÉBEC (1994). *Préparer les jeunes au XXIe siècle*, Rapport du groupe de travail sur les profils de formation au primaire et au secondaire, C. Corbo président, Québec, Ministère de l'Éducation.

GOUVERNEMENT DU QUÉBEC (1996). *Rénover notre système d'éducation: dix chantiers prioritaires*, Rapport final de la Commission des États généraux sur l'éducation, Québec, Ministère de l'Éducation.

GOUVERNEMENT DU QUÉBEC (1997). *L'école tout un programme*, Énoncé de politique éducative, Québec, Ministère de l'Éducation.

GOUVERNEMENT DU QUÉBEC (2001a). *La formation à l'enseignement: les orientations, les compétences professionnelles*, Québec, Ministère de l'Éducation.

GOUVERNEMENT DU QUÉBEC (2001b). *Programme de formation de l'école québécoise*, Québec, Ministère de l'Éducation.

GOUVERNEMENT DU QUÉBEC (2002). *Les services éducatifs complémentaires essentiels à la réussite*, Québec, Direction de l'adaptation scolaire et des services complémentaires, Ministère de l'Éducation.

GOUVERNEMENT DU QUÉBEC (2004). *Pour une éthique partagée dans la profession enseignante*, Québec, Comité d'orientation de la formation du personnel enseignant, Ministère de l'Éducation.

GOUVERNEMENT DU QUÉBEC (2008). *Pour enrichir le Québec: affirmer les valeurs communes de la société québécoise. Mesures pour renforcer l'action du Québec en matière d'intégration des immigrants*, Québec, Ministère de l'Immigration et des Communautés culturelles.

HARE, W. (1993). *What Makes a Good Teacher*, London (Ontario), The Althouse Press.

HOUSSAYE, J. (2000). *Le triangle pédagogique*, Berne, Peter Lang.

JACQUARD, A. (1996). *Petit manuel de philosophie à l'usage des non-philosophes*, Montréal, Stanké.

JEFFREY, D. (2009). « Le droit et l'éthique dans la profession enseignante », dans F. Jutras et C. Gohier (dir.), *Repères pour l'éthique professionnelle des enseignants*, Québec, Presses de l'Université du Québec, p. 75-91.

JONAS, H. (1990). *Le principe responsabilité : une éthique pour la civilisation technologique*, Paris, Éditions du Cerf.

JUTRAS, F. (2009). « L'apport du cadre de l'éthique appliquée à la conceptualisation de l'éthique professionnelle du personnel enseignant », dans F. Jutras et C. Gohier (dir.), *Repères pour l'éthique professionnelle des enseignants*, Québec, Presses de l'Université du Québec, p. 53-74.

JUTRAS, F. (2011). « Le professionnalisme : valeur de base de la conduite professionnelle », dans L. Langlois (dir.), *Former des professionnels de l'intervention*, Québec, Presses de l'Université du Québec, p. 83-104.

JUTRAS, F., M.-P. DESAULNIERS et G.A. LEGAULT (2003). « Qu'est-ce qu'être enseignante ou enseignant au primaire et au secondaire aujourd'hui ? », dans G.A. Legault (dir.), *Crise d'identité professionnelle et professionnalisme*, Québec, Presses de l'Université du Québec, p. 155-182.

JUTRAS, F., J. JOLY, G.A. LEGAULT et M.-P. DESAULNIERS (2005). « L'intervention professionnelle en enseignement : les conceptions de la profession chez le personnel enseignant du primaire et du secondaire », *Revue des sciences de l'éducation*, vol. XXXI, n° 3, p. 563-583.

LAROUCHE, J.-M. et G.A. LEGAULT (2003). « L'identité professionnelle : construction identitaire et crise d'identité », dans G.A. Legault (dir.), *Crise d'identité professionnelle et professionnalisme*, Québec, Presses de l'Université du Québec, p. 1-25.

LAVOIE, L. (2001). « L'enseignant, un modèle », dans Service de la formation permanente, Barreau du Québec, *Développements récents en droit de l'éducation*, Cowansville, Yvon Blais, p. 79-106.

LEBUIS, P. (2008). « La difficile insertion de la formation en éthique à l'école », dans L. Lalonde, F. Jutras, A. Lacroix et J. Patenaude (dir.), *Mélanges à Georges A. Legault. L'éthique appliquée, par-delà la philosophie, le droit, l'éducation*, Sherbrooke, Édition de la Revue de droit, p. 95-137.

LEGAULT, G.A. (1999). *Professionnalisme et délibération éthique*, Québec, Presses de l'Université du Québec.

LEGAULT, G.A. (2006). « Professionnalisme avec ou sans profession », dans L. Thiaw-Po-Une (dir.), *Questions d'éthique contemporaine*, Paris, Stock, p. 603-625.

LEGENDRE, R. (2005). *Dictionnaire actuel de l'éducation*, 3e éd., Montréal, Guérin.

LIPOVETSKY, G. (2000). *Le crépuscule du devoir. L'éthique indolore des nouveaux temps démocratiques*, Paris, Gallimard.

MEIRIEU, P. (2011). *Faire l'École, faire la classe*, 3e éd., Issy-les-Molineaux, ESF.

NÉLISSE, C. (1997). *L'intervention : les savoirs en action*, Sherbrooke, GGC.

OFFICE DES PROFESSIONS DU QUÉBEC (2002). *Avis de l'Office des professions du Québec sur l'opportunité de constituer un ordre des enseignantes et des enseignants*, Québec.

PARIZEAU, M.-H. (2004). « L'éthique appliquée », dans M. Canto-Sperber (dir.), *Dictionnaire d'éthique et de philosophie morale*, Paris, Presses universitaires de France, p. 585-590.

PAQUETTE, C. (2002). *Pour que les valeurs ne soient pas que du vent*, Montréal, Contreforts.

REBOUL, O. (1999). *Les valeurs de l'éducation*, 2e éd., Paris, Presses universitaires de France.

REBOUL, O. (2010a). *La philosophie de l'éducation*, 9e éd., Paris, Presses universitaires de France.

REBOUL, O. (2010b). *Qu'est-ce qu'apprendre ?* Paris, Presses universitaires de France.

REMY, J., S. LEBOURQ et M. COUSIN (2002). « La beauté, une clef sociale », *L'Express*, 8 février.

RICŒUR, P. (2004). « L'éthique », dans M. Canto-Sperber (dir.), *Dictionnaire d'éthique et de philosophie morale*, Paris, Presses universitaires de France, p. 580-584.

SHARIFF, S. (2008). *Cyber-bullying: Issues and Solutions for the School, the Classroom and the Home*, New York, Routledge.

VALIQUETTE, M. et M. ROSS (1997). *Le pouvoir sans abus: pour une éthique personnelle dans la relation d'autorité*, Montréal, Logiques.

VIE PÉDAGOGIQUE (1998). Dossier sur « l'effet-enseignant », vol. 107, p. 21-48, avril-mai.

Glossaire

Apollon : dieu, fils de Zeus, protecteur et guérisseur.

Arbitraire : qui n'est pas fondé sur la raison ou qui est imposé de façon autoritaire.

Athée : qui nie l'existence des dieux.

Autogestion : gestion par les pairs ou membres d'un groupe.

Autorégulation : régulation qu'une personne ou un groupe se donne pour fonctionner.

Bien public : élément qui appartient à l'ensemble des membres de la société et qui en fait la richesse et la valeur. On dit de l'éducation qu'elle est un bien public, car son organisation et son fonctionnement relèvent de la responsabilité de la société dans son ensemble.

Bioéthique : éthique du vivant.

Clinique : une intervention clinique est une intervention réalisée auprès d'une personne après avoir fait un diagnostic du problème à régler.

Code de déontologie : instrument élaboré par un groupe professionnel pour donner des indications et des balises sur ce qui est acceptable et ce qui ne l'est pas dans la conduite professionnelle.

Collaboratif : qui suppose un travail en commun et un partage des tâches et des responsabilités entre plusieurs personnes.

Collégialité : action exercée par un groupe de pairs, collectivement. Antonyme : individualité.

Comité de discipline : comité relevant d'un ordre professionnel dont le rôle est de recevoir et de traiter les plaintes concernant l'agir de l'un de ses membres.

Confessionnel : qui se rapporte à une religion.

Conflit de valeurs : présence de valeurs opposées dans une même situation.

Conscience professionnelle : souci du travail bien fait et implication personnelle pour le réaliser.

Corporatisme : attitude de défense et de protection des membres d'un groupe social ou professionnel.

Culture : l'ensemble des connaissances et des divers aspects qui caractérisent une civilisation. La culture permet de développer le goût, le sens critique et le jugement.

Culturel : qui se rapporte à la culture.

Décentralisation : fait de confier un pouvoir de décision et d'intervention à des structures locales alors qu'elles étaient auparavant concentrées dans les mains d'un pouvoir central.

Décléricalisation ou **déconfessionnalisation** : transformation d'une structure ou d'une organisation confessionnelle en une structure ou une organisation laïque, indépendante de toute religion.

Délibération : réflexion critique effectuée à partir de critères particuliers, menant à une décision.

Déontologie : morale liée à une profession ou à un métier. En lien avec la déontologie, on peut relever les expressions déontologie professionnelle et code de déontologie.

Dérogatoire : qui s'écarte de ce qui est établi par une loi ou une convention, qui ne correspond pas aux attentes sociales.

Didactique : qui concerne les méthodes et les instruments d'enseignement des matières ou disciplines scolaires.

Dilemme : situation où on doit choisir entre deux plans d'action possibles contradictoires ; par exemple, faire ou ne pas faire telle intervention.

Disciplinaire : lié aux disciplines d'enseignement, aux matières présentées dans les programmes d'études.

Discrimination : action qui n'accorde pas un traitement égal à une personne ou à un groupe social.

Dissidence : désaccord par rapport à une décision de groupe.

Droit : l'ensemble des règles qui régissent les rapports entre les personnes afin de structurer le vivre-ensemble en société.

Empathie : capacité de se mettre à la place d'une autre personne, de ressentir ce que cette personne ressent, surtout dans une situation difficile.

Érotique : qui concerne le désir et le plaisir sexuels.

Érotisation précoce : développement des capacités de séduction à un âge qui ne permet pas encore de les comprendre et de les maîtriser.

Esculape en latin ou **Asklépios** en grec : fils d'Apollon, dieu de la médecine.

Éthicien, éthicienne : personne qui est spécialisée en éthique fondamentale ou appliquée.

Éthique : éthique et morale ont déjà sensiblement eu la même signification. On dit souvent aujourd'hui que l'éthique se distingue de la morale par sa référence aux valeurs plutôt qu'à des obligations pour l'agir, ce qui caractériserait davantage la morale.

Éthique appliquée : on peut penser intuitivement qu'il s'agit de l'application d'une théorie à une situation. Au contraire, il s'agit d'une démarche d'analyse de situations en contexte pour en arriver à la meilleure décision dans les circonstances particulières.

Éthique relationnelle : éthique liée aux relations entre les personnes, dimension importante dans les professions de service.

Explicite : qui est exprimé clairement à l'oral ou par écrit.

Hétérogène : qui comprend des éléments différents les uns des autres.

Hétérorégulation : régulation imposée de l'extérieur.

Humaniste : qui prend pour finalité la personne humaine et son développement.

Hygie et Panacée : filles d'Esculape ou Asklépios, protectrices de la santé.

Identité professionnelle : *a*) conscience d'appartenir à un groupe professionnel qui a des qualifications, des rôles et des valeurs spécifiques et *b*) façon dont une ou un professionnel se représente son rôle professionnel dans la société.

Impartialité : objectivité, absence de préjugés ou de parti pris.

Incitatif : qui propose ou suggère une action.

Institutionnel : lié à une institution sociale (par exemple : l'hôpital, l'école).

Interdisciplinaire : qui est lié à la présence de plusieurs disciplines du savoir et de l'intervention pour aborder une même question.

Interprofessionnel : qui est lié à la présence de plusieurs professions (par exemple, dans un comité, un conseil). Ainsi, l'éthique interprofessionnelle concerne les relations entre les membres de groupes professionnels différents qui doivent travailler ensemble.

Jugement professionnel : le jugement professionnel est une forme de raisonnement qui mobilise des stratégies d'observation et d'analyse d'une situation dans le cadre de l'exercice professionnel afin d'établir une ou des hypothèses de diagnostic qu'il convient de vérifier afin de poser le diagnostic, d'établir un plan d'intervention à mettre en œuvre et d'évaluer ses effets.

Laïque : indépendant de tout caractère religieux.

Légal : qui est défini par une loi.

Légitime : permis et reconnu par la loi.

Loi (avec une lettre majuscule) : terme employé en psychologie qui signifie l'aspect symbolique de toute loi ou règlement qui structure les comportements, qui est accepté comme tel et qui implique obéissance et respect.

Marginalité : caractère de ce qui est en marge d'un groupe social, un peu en dehors.

Métaéthique : synonyme d'éthique fondamentale, branche de la philosophie qui porte sur les principes et les théories éthiques.

Ministre du culte : personne qui a un rôle officiel d'animation, d'enseignement et de gestion dans une église ou une religion.

Monothéiste : une religion monothéiste est une religion dans laquelle on croit en un Dieu unique.

Morale : recherche du bien et du mal, des qualités, des devoirs et des responsabilités qui en découlent.

Moralisme : attachement à un catalogue figé de comportements permis et défendus, de devoirs et de punitions.

Multidisciplinaire : qui regroupe des personnes ayant des formations professionnelles ou scientifiques différentes.

Néo-Québécois : nouveau Québécois, personne qui a immigré au Québec.

Nominatif : lié à une personne précise. Un renseignement est dit nominatif quand il contient le nom de la personne.

Norme : obligation limitant une action.

Pair : une personne qui exerce la même fonction professionnelle.

Partenariat : action concertée de plusieurs personnes ou institutions qui en partagent les responsabilités.

Passeur culturel : personne qui permet à une autre d'avoir accès à une culture qui lui était auparavant inconnue. Synonymes : relais, médiateur.

Pénalisation : action de punir un acte inacceptable ou interdit.

Philosophie pratique : branche de la philosophie qui porte sur les actions et les activités humaines. Elle comprend la philosophie morale, la philosophie politique et la philosophie du droit.

Pluralisme : coexistence de personnes, de valeurs, de modes de vie différents dans une société.

Précepte : commandement, ordre auquel il faut obéir.

Professionnalisme : conscience professionnelle permettant à un professionnel de démontrer sa compétence et son éthique professionnelle dans ses interventions.

Professions libérales : professions dont les membres jouissent d'un certain niveau de liberté pour gérer leur travail et leurs interventions. Traditionnellement, il s'agit des plus anciennes professions : médecins, notaires, avocats, architectes.

Psychopédagogique : qui concerne le développement des enfants et des adolescents dans le cadre scolaire.

Qualifier : préparer à l'emploi et à l'intégration sociale en orientant une personne dans une voie qui lui permette de se développer et d'obtenir un diplôme qui atteste socialement de ses compétences.

Radiation : action d'interdire le droit de pratique par le fait d'enlever le nom de la personne de la liste des membres d'un ordre professionnel.

Raison pratique : processus de délibération sur l'agir en fonction du lien entre la fin et les moyens.

Rationnel : qui vient de la raison, de la capacité d'examiner une réalité avec logique, explication, justification.

Reconnaissance sociale : considération apportée par la société à une activité.

Reddition de comptes: justification des actions faites ou des actes posés, notamment pour ce qui relève des biens administrés.

Référent: principe au nom duquel on agit.

Régulation sociale: action de contrôler les comportements des êtres humains dans une société, de façon à permettre d'assurer la qualité du vivre-ensemble.

Relation pédagogique: relation entre une enseignante ou un enseignant et ses élèves pris individuellement ou en groupe.

Relation sexuée: relation humaine qui tient compte de l'identité masculine ou féminine des personnes en cause et de ses conséquences dans la relation.

Responsabilité professionnelle: dans le cadre de la pratique professionnelle, prendre des décisions d'agir, selon des critères acceptés par la profession et appropriés à la situation, ainsi qu'avoir l'obligation de répondre de son agir et de le justifier.

Savoir: l'ensemble des connaissances plus ou moins systématisées acquises par des activités cognitives.

Service public: ressource mise à la disposition des citoyens d'un pays. Le service public comprend, par exemple, les employés des hôpitaux, des commissions scolaires, de la CSST qui sont reliés au gouvernement, mais dont le véritable employeur est un centre hospitalier, une commission scolaire ou une agence gouvernementale.

Socialiser: apprendre à vivre en société d'une façon respectueuse de soi et d'autrui.

Souci éthique: préoccupation et réflexion relatives au respect des personnes.

Statut social: position dans la société par rapport à d'autres groupes.

Taille: ablation des pierres sur les reins, intervention faite par un chirurgien.

Valeur: « croyance durable à l'effet qu'un mode de conduite spécifique ou une fin d'existence est personnellement ou socialement préférable à son opposé ou à sa contrepartie ». (R. Legendre (2005). *Dictionnaire actuel de l'éducation*, 3e éd., Guérin, Montréal, p. 1429.)

Vertu: mot ancien désignant les qualités de caractère ou qualités morales d'une personne menant une vie bonne, par exemple le courage, la bonté.

Vulnérabilité: fragilité, faiblesse, capacité d'être blessé physiquement ou moralement.

Repères pour l'éthique professionnelle des enseignants
Sous la direction de France Jutras et Christiane Gohier
2009, ISBN 978-2-7605-2383-8, 248 p.

L'œuvre de soi
Pierre Fortin
2007, ISBN 2-7605-1507-9, 142 p.

Éthiques
Dit et non-dit, contredit, interdit
Guy Bourgeault
2004, ISBN 2-7605-1319-X, 148 p.

Crise d'identité professionnelle et professionnalisme
Sous la direction de Georges A. Legault
2003, ISBN 2-7605-1215-0, 246 p.

Professionnalisme et délibération éthique
Manuel d'aide à la décision responsable
Georges A. Legault
1999, ISBN 2-7605-1033-6, 306 p.

Le suicide
Interventions et enjeux éthiques
Pierre Fortin et Bruno Boulianne
1998, ISBN 2-7605-0957-5, 134 p.

Enjeux de l'éthique professionnelle
Tome II • L'expérience québécoise
Sous la direction de Georges A. Legault
1997, ISBN 2-7605-0959-1, 194 p.

Les défis éthiques en éducation
Sous la direction de Marie-Paule Desaulniers, France Jutras, Pierre Lebuis et Georges A. Legault
1997, ISBN 2-7605-0921-4, 250 p.

Enjeux de l'éthique professionnelle
Tome I • Codes et comités d'éthique
Sous la direction de Johane Patenaude et Georges A. Legault
1996, ISBN 2-7605-0936-2, 148 p.

Guide de déontologie en milieu communautaire
Pierre Fortin
1995, ISBN 2-7605-0877-3, 148 p.

Éthique de l'environnement
Une introduction à la philosophie environnementale
Joseph R. Des Jardins
Traduction de Vinh-De Nguyen et Louis Samson
1995, ISBN 2-7605-0852-8, 314 p.

La morale, l'éthique, l'éthicologie
Une triple façon d'aborder les questions d'ordre moral
Pierre Fortin
1995, ISBN 2-7605-0822-6, 138 p.

MIXTE
Papier issu de sources responsables
FSC® C103567
www.fsc.org

MARQUIS
Marquis imprimeur inc.

Québec, Canada
2012

Imprimé sur du papier Rolland opaque 50
50% postconsommation, accrédité ÉcoLogo et fait à partir de biogaz.

50%
PERMANENT
BIO GAZ ÉNERGIE